冷西藏·熱西藏

བོད་གྲང་མོ་·བོད་ཚ་པོ

馮偉賢——作者
鄔世雄——攝影

〈代序一〉

穿越表象的西藏印象

曾錦程
香港資深廣告人、香港理工大學設計學院助理教授

阿西說：「西藏是主觀的。」誠然，每個人心目中都有自己的西藏。阿西的，是白色的。我的，是高反差兼高濃度的。

我從沒到過西藏，即使在年輕揹背囊闖蕩的日子，也從沒想過要去。可是，西藏卻在我很小的時候，就開始在我頭頂上盤旋。是轉出來的，從砵櫃頂爸爸的唱盤上。起章，總是正道的普通話；結章，必然是怪異的星球語。嗓子，大抵是率真的；歌頌，卻無疑是造作的。這就是我的西藏初始印象了，頗高反差的。

後來，我在《人民畫報》上正式邂逅了西藏。不久，又在書店的畫冊碰上了。漸漸地，常常在旅遊雜誌和報章副刊見面。當然，偶爾還會在新聞報導裡冷不提防地遇到。太陽在那裡，如阿西所言，「像沒有移動過一樣」。ＥＶ（曝光值）似乎總低幾級，色彩像被烘烤過一樣，煉出來的藍色是濃的，硃紅色是濃的，黃色也是濃的，連白色都濃得化不開，甚至風也是濃重黏稠的。這個地方，有最神祕的色彩，卻有最剔透的影像；有深邃的智慧，卻有最簡單的生活；有最純淨的笑容，卻有最骯髒的衣服。就這樣，我

的西藏印象，得以延續。

西藏，本該走一趟的。沒有這樣做，也許是當初爸爸太熱愛西藏的一切了。到了現在，爸爸雖然依舊熱愛西藏，但已敵不過高山症投下來的巨大陰影。這次我卻認同他老人家了。總之，西藏就是擦身而過了。印象就始終停留在那裡，不思進取了。

然而，今日拜讀過阿西的文字，忽然慚愧起來。原來，不是太陽沒有移動，也不是印象停滯不前，其實原地踏步的，是自己。

阿西似乎有種天生的能力，可領人穿越漫天風沙，來探訪迷失了的人心。他之所以能夠這樣做，也許是不停思索直指人心的道理吧！阿西的廣告作品，每每能穿透僵化的理性教條，和人云亦云的所謂常識，呈現鮮活的人味。這本書，亦反覆印證了這條思路。

他寫道：「在西藏，真的有很多事物都違反了我們的常識，要求你以一顆非常開放的心看待之。其實，常識又算什麼呢？和風俗道德一樣，還不只是大眾的習慣而已。」習慣有好有壞，是幫助，也是阻礙，雖然難改，卻未必會一成不變，都在乎人。常識也一樣。

「正如狼本來是善良的，可以和人做朋友；蝙蝠也不一定吸血，百分之九十以上是吃素的，滿和平的。我們的聯想，經常欺騙我們，很多時候會變成偏見，甚至常識。」

留意到了嗎？常識隱然比偏見更差，因為常識是會披上羊皮的。

穿越表象，帶出反思，阿西說：「與其說是神祕的習俗，不如說是習俗的神祕吧。習俗的神祕力量，一直支配著我們，是誰在不知不覺中設定習俗？是誰一直在教我們如何生活？教我們吃什麼、穿什麼、喜歡什麼、憎恨什麼……。似乎，我們並不真的太自由。」

又說：「偶爾當我們在欲望的沙塵暴中，被吹得看不見身在何處時，問一問這個問題：『我們真的需要那麼多嗎？』也許會幫助我們撥開風沙，再看見自己也說不定。」

最精彩的是這樣一個描述：「骯髒和神聖，風馬牛不相及的兩個概念，兩極的感覺。不過，骯髒和神聖，有一個共通點：蔑視世俗。最起碼，不太理會。不理會自我形象、潮流品牌、別人目光，有的是心中的廟宇和篤定的眼神。在磕長頭的朝聖者身上，我看見了骯髒，也看見了神聖。」說的也是，原來穿越了表層概念，就算是南轅北轍，甚至矛盾東西，都可以有個共通處，甚至合一。

阿西不喜歡落入俗套，或迷惑於常識，我相信他骨子裡，是蔑視世俗的。然而，我又必須澄清：他肯定又不是憤世嫉俗的。這到底是一個怎麼樣的狀況呢？我想，就正如他的創作心法吧：既要切題，又要離題。

他是個廣告創作人，也是個大圓滿佛法的修行者，用他自己的話說：「也許，一個創作人和一個修行者都需要一份抽離的熱情，一種熱情的冷。一方面要比任何人都更熱愛世間，卻又不被概念的執著監獄困著，失去了自在。這是一種旅遊者的心境，在自己家鄉也保持著的一種旅遊者的生活境界。像清風，吹過一田的繁花，細味著和你接觸的新事新物，清風過後，一物不留。」

瀟灑得很！如果阿西有聶風那一身造型，肯定有更多的粉絲。誰料這是個高六呎、重兩百磅的大塊頭，活像個丐幫幫主，披頭散髮，皮膚白不到哪去，一身斑駁拼湊的粗布麻衣，闊袍大袖，混在西藏人裡，外觀、內心都有極高的同質性……如此身段，卻好像很輕盈瀟脫地遊歷遍人間，到過無數勝景，搞過酒吧，夾過band（組樂隊），曉藏語，懂日文，做過不可勝數的出色廣告，也有一間響噹噹的廣告公司，夠人羨慕的了。假如要進一步攀比他思想裡的遊歷，恐怕有不少人會像人生還未起步，尚在娘胎，當中包括我。

人家一趟西藏遊，便形而下又再形而上，瀟灑走了一回；而我，還待在印象之中，還推說西藏這個印象，一動也不動，豈不慚愧？

突然間，很想去一趟知性旅行。也許是西藏，也許不是。但可以肯定的是，一次人生的旅行。

〈代序二〉行西藏行

黃華生
香港大學建築系教授、香港大學佛學研究中心教授

市面上有許多記錄西藏旅遊書本，但這本書值得向大家推介。馮偉賢今次到西藏旅遊，是一次用心的旅遊，由內心行於外境，亦由外境觸發心行。因此，馮偉賢在本書圖文並茂讓大家分享西藏所見境事及內心所感受的境界。然而，馮偉賢是如何去心行呢？

要了解一個地方的傳統文化，最根本就是認識這地方的宗教信念。公元八世紀，赤松德贊成為吐番（西藏的古代名稱）贊普（即國王），獨崇佛教，並從印度請來寂護及蓮花生兩位佛學大師，開展顯宗及密宗教法。由這時起，往後千多年的佛教文化便影響到今日。馮偉賢曾學習藏傳佛教及西藏語文，對西藏文化便能作更深層次的體會理解，並闡述於其旅行遊記中。

行行重行行，馮偉賢步入寒冷的西藏。在這裏，物質能源耗盡，所見的是一個受苦的輪迴界；另一方面，金光閃耀的佛像宮殿代表著圓滿的精神領域，這是極樂的涅槃界。但兩者在深層次上，又能相容而無分別。從生死息滅見無常，這無常的現象根源則是恆常的變動，而常變就是憑藉周遍的生機，支持各生命的相續。西藏認為世間一切是

地、水、火、風、空五大元素所造成。這五大又相互融攝，因此一切事物都有一定的生命力。由見珠峰破除黑暗的一絲晨光，感受到山峯都有生命力。在生存相續的過程中，事物適應環境就是適應其相礙緣起，圓滿的適應就是任運圓成。因此，在西藏的獒犬，都是依其業力因緣而顯現的境事，就是生機的自然智慧，表現出來的事物現象。這一切都能觸馮偉賢的心行。

如是，見賣經人、牧羊人、僧人、老婦人等，即是見其如何去適應緣起，發揮生命力。見外形如修道院的雍布拉康皇宮、大沙漠中的桑丁寺、藏十萬佛的白居寺等，亦是見其如何適應相礙緣起的生機。秀麗如江孜山河，晶耀如牛鈴叮噹聲，清幽如桑丁寺的藏香，徹骨如寒氣冷風，如此等等，都是體會生機。馮偉賢行西藏行亦是體會生機之行！

以上是這本書的簡單推介，願讀者亦於這本書作心行。願吉祥！

目次

〈楔子〉

一次，宿命的即興

因為工作的緣故，我經常要到世界不同的地方。紐西蘭的銀白色貝殼沙灘、冰島的雪與火、日本的彩虹橋（Rainbow bridge）、摩納哥的羅芙賽特別墅（Rothschild's villa）……

在跟不同國家的人交談中，發現了一件有趣的事：每個人心中都有一個地方，是此生一定要去的。沒有特別的原因，甚至根本無法解釋，那個地方，就只是一直在心裡，散發著一種彷彿是宿命的吸引力。

「我和丈夫一直都想去秘魯的馬丘比丘古城，」一位英國婆婆跟我說，「幾十年來總是放在心裡，直到我們退休後，終於有時間去了，但是我的丈夫突然急病去世，我還是一個人去了。在馬丘比丘三千米的古城裡，我覺得我不是一個人，我和丈夫兩個人在一起漫步……」

當談到心裡的這個地方，每個人的語調，總是帶著一點宿命的色彩。在我的心裡，也一直有這麼一個地方——不丹。

中學的時候，就已經很想去了，沒有什麼原因，就只是很想去，真的！

二、三十後的二〇〇三年，我約了小黑去不丹。

那是在劉嘉玲於不丹結婚以前，是在不丹上榜世界十大最快樂國家以前。換言之，那時不丹對大多數人來說，是個非常陌生的地方，也許只有像小黑這類古靈精怪的人，才會有興趣去吧。

小黑是我的台灣好朋友，他是出色的攝影師，強項是時裝攝影。曾經，西門町廣場入口的廣告海報，他包辦了一半，後來去了上海發展。

不過，小黑終究沒能成行。

「去不丹太貴了。政府規定每人每天要用兩百美元，還要轉好幾次飛機，比去歐洲還貴。我們不如一起去西藏，你撰文，我拍照，好嗎？」小黑這樣說。

最後，是我自己一個人去了不丹。

不丹讓我看見了一個完全不同的體系。在不丹，一個廣告看板都沒有，真的沒有；而電視台也才開了幾年。對我這個以廣告創作為生的人來說，那可是非常的新鮮。

不丹的物質水平很低，但你不會以「貧窮」這個字眼去形容，因為不丹人是快樂的，擁有一種滿足和諧的表情。他們的教育水平很高，高中會讀莎士比亞；政治是君主立憲制，和英國很相似；環保也做得很出色；經濟系統非常原始，有些鄉村，甚至還在以物易物。

那當然不是資本主義，也不是共產主義，那是物質水平很低，但精神水平很高的第三種體系吧！

那是藏傳佛教的國度，很純粹的。

回港後，我對佛教產生了興趣。機緣巧合地，我進入了香港大學只開了幾年的佛學研究中心研讀碩士課程；機緣巧合地，有關西藏的科目，我讀得特別好，藏文和藏傳寧瑪派兩科都取得A+的成績。後來，教寧瑪派的建築系教授問我有沒有興趣灌頂，跟隨他的上師。那上師可是佛學界的大師，弟子並不多。我有點怕，猶豫了幾個月，終於鼓起勇氣灌頂去了。就這樣，我成為了藏傳佛教寧瑪派（註1）的修行人，修習大圓滿法。

機緣這種事，就是那麼奇妙。尤其後來我發現，幾年前在不丹買的幾本書，全部都是寧瑪派的，而且其中一本還是教導如何實修大圓滿的經典論書呢！

只是，在平日，我還是那個滿口爛笑話、行為瘋瘋癲癲的廣告創作人。朋友聽說我在修習藏傳佛教，都笑我又在說爛笑話……

只是，我的心識，卻慢慢地產生了微妙的變化。

註1．藏傳佛教最悠久的教派，蓮花生大士和寂護大師為其始祖，因該教派僧人戴紅色僧帽，故又稱之為紅派、紅教。

小黑的電話

二〇一〇年底，一個沒有星星的晚上，我在清水灣片場的空地上，接到小黑的電話。當時我正在拍攝廣告中。

小黑問了我一個七年前問過的問題：

「是時候去西藏了吧？」

「好吧！」我答得很爽快，不假思索地。

「你是認真的嗎？連想都沒想就答應了。」

「不是七年前就已經說好了嗎？」

小黑也許不知道，旅程，在七年前也許就已經開始了。

「那，什麼時候去呢？」小黑問。

已經是晚上十點了，容祖兒經過，模仿我抽菸的手勢，扮了個鬼臉。我抬頭看天，天上沒有星星，香港的天空是看不見星星的，但我看見了白色的西藏。

「最冷的月份去吧。」

西藏是主觀的。每個人對西藏，都有自己的印象。而我心目中的西藏，是白色的。

「好呀，但是你不忙嗎？」
「忙。」我剛剛和朋友開了自己的廣告公司，怎會不忙？
「農曆新年去吧，我告假比較少。」我直覺的說。
「不到三個月了，阿西，你是認真的嗎？」
「需要考慮很多嗎？」
不是七年前就已經決定了嗎？
是隨心而為，抑或其實已深思熟慮，很多時候我總是弄不清楚。
我的人生像是沒有劇本，就只經過一次彩排，似乎從來沒有正式公演過；抑或是，其實劇本已經一早寫好……？我不是說過，我弄不清楚嘛！
反正，我喜歡橫衝直撞的精彩，我不怕意外。

× × ×

當然，後來我才知道，二月份的西藏，晚上會降至攝氏零下十多度，很容易感冒，甚至肺水腫；空氣中的氧氣再少百分之二十到三十，高大和肥胖的人最易得高山症。
而我，是六呎高、兩百磅的大塊頭，出發前一、兩天，還患上了感冒……

▲ 馮偉賢——作者
▼ 鄔世雄——攝影

ལྷ་ས་གྲོང་ཁྱེར་ ༡ 拉薩

我照樣踏足在西藏的土地上。
沒有高山症，也沒有感冒。
西藏真的是攝氏零下，卻沒有漫天風雪。

降落拉薩貢嘎機場，已經是黃昏。

坐進吉普車，我的視線也沿著西藏河一直開往拉薩市中心。車窗外，往後移動的，是悲涼的灰黃色。廣闊的平原，延伸往遠處的高山，是無盡的灰泥土。只有單調的枯草枯木，點綴山上零星的白色積雪。一對一對的鴛鴦，在河岸結了冰的西藏河，愜意地浮游。

我的西藏朋友叫扎西・星期五。他跟我說，西藏人除非是貴族，或者是大喇嘛，才會有姓氏，一般人在星期幾出生就姓星期幾。

這是一種屬於輕的存在性。不用光宗耀祖，像漢人那樣背負著家族的榮辱。

下榻八廓街的唐卡酒店，已經接近天黑，溫度急速地往下走。

八廓街的商店尚未完全關門，路人不算太疏落。和沿路單一的灰黃色對比的，是八廓街和大昭寺的豐富色彩。黃色的掛布、紅色的衣服、藍色的唐卡（註1）、金色的裝飾……，有的靜止，有的流動，不過，西藏的五彩卻不是鮮豔的，而是蒙上了薄薄的一層灰色，時光的灰色。

空氣中，還混和了一千年煙燻的香、酥油的膩、藏人的呼吸……，那是西藏獨特的氛圍，像褪色的彩虹，點綴人間的朦朧。

寒意中，生活和精神的熱，清涼的熱。這或許就是我來西藏想要尋找的某種東西。

註1．西藏一種畫在布幔或紙上的繪畫，尺寸可大可小，方便收藏、移動，題材包含佛尊、護法、歷史、民俗、生活等，宛如西藏百科全書。

來一次，精神的旅行

旅行西藏，是精神性的。

肉體性的旅遊，我們很熟識——美食、購物、陽光與海灘、放縱的性愛，知性是休眠的，讓位予感官娛樂。

而精神旅行則是相反的，往往先要苦行肉體一番——行很多的路，攀山涉水，忍受極端的氣候、粗糙的食物。彷彿只有壓肉體下沈，精神才會從肉身的監獄釋放，重新向上。精神旅遊是自殺式的，殺自己一次，搗碎習慣了的一切，尋覓某種隱藏的意義，給生命新的靈感。

旅行西藏，是象徵性的。

宗教氣息越濃厚的文化，越具有象徵性。宗教是心靈的，是直覺的，是心的語言，不容易用文字表達。教堂的彩色玻璃、聖母像、聖水，清真寺的蘑菇尖頂、牆上如經文的圖案，熱鬧的本尊壇城、恬靜的佛像……，每個都有祂的表義，像心靈密碼，教你整個生命悸動。

如果是符號學家，如羅蘭・巴特（Roland Barthes）、安伯托・艾可（Eco

Umberto），或《達文西密碼》的主角，來到西藏，一定會忘形地解碼，只有靠一個一個符碼，解讀地球上其中一個最豐富神祕的精神體系，才能剝開那一層一層的深義。

旅行西藏，也是原始性的。

除了佛教，西藏也流著本土原始宗教——苯教（註1）的血。粗獷，野性，好像還保留著某種還未被人類文化懾服的東西。用最原始的東西，去表達最原始的東西：三個人頭代表三生，盛血顱器（註2）代表生命，女性陰戶代表生機，鷹的羽毛代表最高的法，瑪尼石塊（註3）代表大地的祝福……

觸目所見，都是這三個基調的心靈圖案——精神性、象徵性、原始性。屬於西藏的基調。

註1．佛教傳入西藏前，盛行於西藏民間的巫教，又稱本教、缽教、黑教（信徒頭戴黑巾）。

註2．即嘎巴拉碗，由人的頭蓋骨所做成的骷髏碗，是藏傳佛教進行灌頂儀式所用的法器。

註3．西藏有將佛像、經文、咒語刻在石頭上的習俗，該石塊被稱之為瑪尼石，大至數米，小的只有十幾公分。藏區戶外常見由大量瑪尼石堆疊成錐狀的瑪尼堆，又稱作喇嘛堆。

布達拉宮，沒有文字的紀念碑

清晨的拉薩，非常的冷。我穿了羽絨夾克，又在外面披上加了抓毛的cortex大褸，裡面則是羊毛長內褲、羊毛襪、羊毛帽和手套……，還是不夠，要再回酒店加穿一件毛衣。應付零下的空氣，層疊的穿衣法是必要的。

不過，西藏的太陽卻非常的烈，不塗防曬油，只消一天時間，便會像黑炭一樣。

極冷，也極熱。

不過，面前突然屹立著像造夢一樣的布達拉宮，讓你忘記了身體的感覺。布達拉宮前，像長安大街的大馬路，一群一群的磕長頭朝聖者，像海浪般起伏，更增添了如夢的舞台感。

我一直向前行，攀上布達拉宮的數百級長石梯。只是，不能控制的急速喘氣，是身體又在提醒我：高原反應呀！扎西・星期五細心地說：「慢慢走呀，高海拔的攀高，要慢，小心有高原反應。」

二月是西藏旅遊的淡季，卻是朝聖的旺季。各地的西藏人都趁著冬休來到拉薩朝聖。除了蒙塵的磕長頭，一般的朝聖者都會穿上漂亮隆重的衣服，就像我們赴宴一樣，

▲ 沒有文字的紀念碑。

朝聖是必須慎重的一件事嘛！

石梯上，滿是色彩鮮豔的朝聖者。我不停的喘氣，也不停的觀看朝聖的人。頭上縛著紅繩的，是英氣的康巴人；腰上繫帶的，是來自安多的；江孜來的，則比較樸素……

布達拉宮內，滿載著西藏最罕貴的藝術品。鋪金的佛像、房子般大的壇城、藏王的紀念壇座、經書、佛教的聖物……，金光閃耀，色彩萬千。西藏朝聖者不斷供養酥油、小額的紙幣，口念經，手轉珠。我也是其中一人，和他們一樣，來布達拉宮朝聖，一生中可能就只這麼一、兩次吧！

不過，最令我覺得出奇的，是矗立在布達拉宮長石梯前的紀念碑。長長的一條小石柱，只有三、四米高，卻沒有一個字。真的什麼都沒有。

是否興建布達拉宮的六世達賴喇嘛想以離言絕思，去頂禮那不可言說、不可思議的佛智境界，又或許這個石碑，也像西藏一樣，經歷過人間滄桑，已非原貌，最終歸於現在的沉默也說不定。

▲ 布達拉宮前面的湖，已經結冰了。

▼ 冬季的布達拉宮，遊客不多，石階上主要是來自西藏各地的朝聖者。

五彩經幡的量子力學

在西藏，差不多每個山頭都迎風飛揚著漂亮的五彩經幡旗。它的意義，就像左岸的咖啡館一樣，是一道風景，也是一種文化的點睛。

黃色代表地、白色代表水、紅色代表火、綠色代表風、藍色代表空。在上面，寫滿了密密麻麻的經文，和要祝福的人的名字，讓風，掠去祝福，飄溢千里。你可以看它作虔誠的祈禱、善良的心願，或者單純是西藏式的原始迷信。

不過，連符號學大師羅蘭・巴特（Roland Barthes）都可能不知，一個符號除了是一種表義，還會釋放能量，在物質的量子層面，產生不同的弦動。

日本江本勝博士（Dr. Masaru Emoto）發現，原來水可以記錄這些能量的弦動。他做了一個實驗，讓不同的水暴露在不同的符號，如文字、聲音、影像，一段時間後，把這些不同的水的樣本，急凍至零下幾十度，再看水的變化。令人吃驚的是，善意的符號，文字如「快樂」、「感謝」、「和平」、「德蘭修女」等，聲音如僧人念咒、基督徒祈禱、貝多芬交響樂等，會令水顯現如雪花般美麗的結晶。相反地，惡意的符號，文字如「憤怒」、「我憎恨你」、「絕望」、「希特勒」等，聲音如heavy metal的咆哮等，不但水不會出現結晶，還會出現不好看的形象。

符號，盛載著人不同的心念，發放著深妙的能量。那麼，西藏經幡旗上祝福的文字和圖案，也在不斷的釋放著美善的能量，令藍天、雪嶺、河川、大地全體弦動，一直合奏著一首善意的交響樂。

在西藏待著的每時每刻，我微微缺氧的大腦，甚至可以說，我的所有毛孔和細胞，都一直聽著、共鳴著。

西藏的空氣是美麗的，呼吸是善意的。這樣說，相信也不算過於矯情，反而可說是有點科學呢！

後現代的辯經秀

後現代旅遊最大的特色，是虛擬。世界不同的地方，都在興建主題公園、文化村、主題酒店……，經歷電影的典型驚險場景，看原始部族的生活表演，在天堂般的海灘喝著Vodka Lime。

當我們看摔角比賽，明知每一拳、每一腳都是虛擬的，但照樣高呼尖叫。色拉寺著名的辯經，是不是另一場宗教的摔角表演？

幾十個紅衣僧人，在遊客的包圍中，在照相機和攝錄機的晃動中，完全無視身邊的一切，忘我地進行辯經（註1）。

這邊廂，一個小個子的僧人，把佛珠往手臂上猛力一拉，幾個箭步，大力擊掌，「啪」的一聲，一串聽不懂的藏語，像子彈般射向坐在地上如受靶一樣的僧人。僧人低著頭，像法庭上答辯的被告，吞吞吐吐的說了幾句話，旁邊一個像法官的僧人，一直冷靜地看著。

很有舞台感。

不過，我的西藏朋友札西‧星期五說，辯經不是後現代，而是貫徹的古代。

幾百年，遠在旅客來臨之前，每天這個時候，色拉寺的僧人都會來廣場辯經，百年如一日。

辯經其實是練習因明的一種西藏化形式。因明是印度三、四世紀發明的佛教邏輯學，主要用來和印度其他教派辯論。論主會先提出一個論題，然後正反雙方會以正題和反題的方式辯論。有點像希臘的經典三段論式，但又不完全相似。

可以想像，那個矮個子僧人，可能大叫：

「聲音是無常的！因為凡造作出來的東西，都無常，如瓶。」

那個坐著的僧人，回辯說：

「聲音是常的，因為本來已有，像虛空。但虛空不是造作出來的，不是造作出來的！」

小個子連環拍掌回擊……

他們用邏輯的形式辯論佛理。

在古印度，辯論是大事，輸了要改信他宗，甚至切掉舌頭。

印度千多年的傳統，西藏數百年的辯經。

從另一個角度看，若說色拉寺的辯經，已習慣了遊客圍觀而無視，也是可以的。

算了吧！後現代，作者早已死。色拉寺的辯經，已失去了發言權，交給了遊客自由詮釋。

迎面而來，我們遇上一班辯完經的僧人。

小黑想拍照，他們斷然拒絕，「請不要拍照，請不要拍照！」

僧人們，還是保留著一種古代氣質的尊嚴。

註1．藏傳佛教中僧人間的一種辯論，採問答的方式進行，藉此加強對佛經的學習與了解。

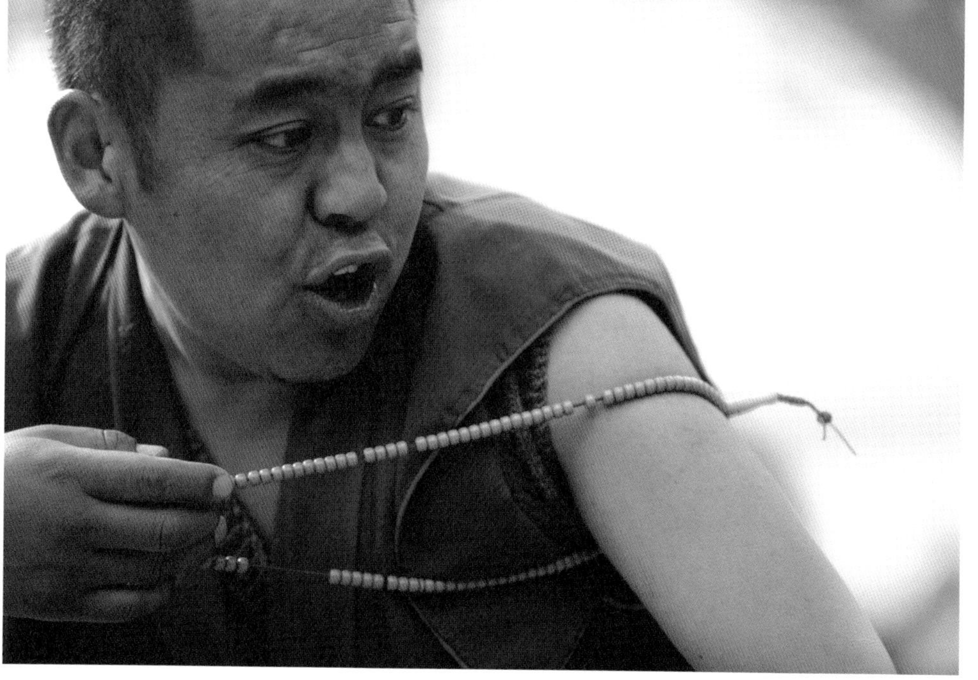

Je ma

我在大學習過藏文。算不上怎樣精通，不過在西藏期間，說著玩，也很有趣的。單眼皮的札西・星期五，直率又認真，不大懂說滑頭話，我便叫他Goopba（傻子）。不，是 Goopba goopba（大傻子）。

小黑是Nga bo chu chu，「Ngabo chu chu mi gyap ba！」就是叫小黑不要再拍照了！

最有趣是上飯館……

西藏人叫女侍應生，統一稱為bu mo，即女孩。這未免太冷漠了一點。於是我用港式的叫法試試看：「喂，Je ma（喂，靚女）。」她們立即笑得很開心，服務也好了起來。港式滑頭真是放諸四海皆準。

有一次，我在飯館捉弄札西・星期五。

我問他：「大胸，藏語怎麼說？」

他小聲地說：「Ngo ma chen bo。」

我小聲地問：「你喜歡大胸的女人嗎？」

他尷尬地笑了笑，不好意思地點了點頭。

我放聲地說：「Ngo ma chen bo qi bu mo la khye nan gar bo re（你喜歡大胸的女人啊）！」

他想制止我已來不及：「不要說呀，我這次死定了，我這次死定了！」

由於工作關係，我經常要去不同的地方拍廣告。說一、兩句對方文化的髒話，可以極速打破隔閡。

「Hajimematsuda，watashiwa，skye be desu（你好，很高興認識你，我是dirty old man）。」這樣介紹自己，日本的女製片準會哈哈大笑：「Kawai ne kawai ne（你好可愛唷）。」

「Shi……shi……yeduski（喂，基佬（註1））……」曾經這樣稱呼一個冰島的製作人員，他哈哈笑著從湖中拾起了一塊一億年的冰，和我喝威士忌。

髒話並不髒，因為你的心是善意的。起碼，比起一句別有用心的：「我當你是好朋友，才……」乾淨得多。

不過作為一種語言體系，藏文是非常複雜的。三十個字母，上面另加四個符號，一共變出一百五十個音，還有十個後加字、三個下加字、前加字、上加字……，弄清這幾千個字的發音，已花了你半年的時間。

這種複雜卻又非常漂亮的文字，就是在一間叫作帕邦喀的小屋，由一位名叫呑彌桑布扎（註2）的人，在七世紀時參考梵文而發明的。

不過說來奇怪，藏文的文法，竟跟日文很相似。

語言這東西，真的非常奇妙。

註1．gay和粵語「基」字發音相同，故香港稱男同性戀為基佬。

註2．藏族語言學家、吐蕃內相。相傳七世紀時被松贊干布派遣到北印度學習梵文，返國後創造了藏文。亦曾翻譯過不少佛經。

▲ 路邊賣酥油茶的Je ma。

▼ 藏文就是在這間小屋發明出來的。

被遺忘的水葬台

西藏最紅的，要算是天葬了。不過，我們忘記了西藏還有水葬、火葬、土葬等。大約，天葬占了百分之八十，只有百分之二十是其他的葬法。

我站在一個水葬台上。那是離開水面大約十五米的斷崖上，很平滑的灰藍色石台。就在我腳下，成千上萬，曾經哭過、笑過、匆匆走過數十寒暑的軀體，就在這裡化為虛無。

水葬台位在拉薩河和雅魯藏布江的交界，流水潺潺，微風，陽光，優雅靜謐。一點恐怖的氣氛也沒有。路旁的山壁上，還畫上了很可愛的動物和梯子，像小童的畫室一樣。原來，動物是逝者的生肖，梯子代表天梯，好讓逝者能攀上更高層次的另一次存在。

水葬和天葬其實很相似，也是由專責的水葬師負責。水葬師把死者的屍體切成碎片，然後拋到水裡餵魚和其他水生生物。剩下的骨頭和血便灑上青稞粉，揉搓成粑，再拋進河裡。

水葬和天葬，是我見過最環保的兩種葬禮。乾淨俐落，甚至不生一縷煙，不留一把塵。

你可能會覺得看著一生所愛的人，如媽媽、兒子、深愛的妻子，被切成碎片，任由禿鷹、魚、蝦啄食，實在於心不忍。不過，即使埋在泥土裡，還不是給蚯蚓、細菌、蟲蟻化為一副白骨？

分別只是時間問題。但逝者已矣，一天和十年，真的有分別嗎？

而且，天葬和水葬，對西藏人來說，還有深一層的意義。

首先，是代表對這一生不再戀「棧」。西藏人認為我們的身體，真的只是一個客棧。人死了，我們的意識流便會乘業力之風，開始另一段旅程。情況就如在酒店check-out，又去另一個城市一樣。天葬、水葬，就像把酒店夷為平地，讓旅客不再留戀，專心下一段旅程。

其次，天葬、水葬是最後的一次布施。布施是佛教徒一個重要的修行。不執著自己的所有，奉獻給其他有情。

佛經說，佛陀前身是一個王子，因為不忍見母獅和小獅子挨餓，便奉獻自己的身軀給牠們作食物。我的西藏朋友告訴我，天葬和水葬的起源可能和這個傳說有關呢！

是否真的如此，我就無法得知了。

不過西藏密宗的修行者，即使在生也會天葬。何解？其實這是一種叫施身法（註1）的修法。修行者觀想自己的血肉被切成碎片，骨頭作柴，煮一個火鍋來供宿世的仇敵、六道眾生和諸佛享用，練習無我，練習慈悲心。

其實如果可以，我也會選擇天葬或水葬。

不過，我的西藏朋友說：「這個暫時是無法辦到的啊！」可能到時政策有變也說不定，就看我這間「酒店」到時還是不是照常營業吧！

註1．起源於大乘佛教的禪定練習法，相傳過去佛陀在進行菩薩修行時，曾以己身布施眾生，後來的修行者便在禪定時效法佛陀，想像切割自己的身體施予眾生。

▲ 天梯和逝者的生肖畫，不是很cute嗎？
▼ 靜謐優雅的水葬台。

བསམ་ཡས ２ 桑耶

我在桑耶，度過了一個零下十五度的農曆新年。
那是我人生第一次，在沒有暖氣支援下，度過的一個零下十五度的夜。

我們抵達桑耶，天色已全黑了。

桑耶說不上是一個鎮，只是在公路旁邊的數十間二、三層樓高的藏式平房而已。以前來桑耶的遊人，就只有桑耶寺旁邊簡陋的招待所可以投宿。我們住的旅館是新建的，只開業了兩年。旅館的設計，和我在洛杉磯拍廣告時住過的汽車酒店，根本上是一樣的。兩層樓高的樓房，像四面牆，圍著中間的停車空地。一下車，便可以逕自回房間。旅館簡單乾淨，沒有多餘的裝飾，燈光微黃，服務員很友善。

我經過二樓昏黃寬闊的走廊，四方形大窗前，背著我的少女，回頭向我微笑。

那微笑的背後，是桑耶寺黝黑的輪廓。在少女的微笑和寺院的黝黑中間，是綻放的煙花，很小，很近。

我差點忘記了這是漢族的農曆年三十晚。不過，那藏地零星的小煙花，沒有增添多少節日的熱鬧，反而讓古寺前的人間歡樂顯得更加剎那。

在陝西人的飯館，老闆特地煮了餃子，和我們過年，那是北方的風俗，讓我感受到人間溫暖。不過回到房間，我卻要面對人間真實的冷——飯店沒有暖氣供應。

我穿著羽絨夾克、羊毛褲、羊毛襪，再蓋上兩張重重的棉被，嘗試著睡覺。只一會兒，我便感到腦袋有一種從未經歷過的麻痺，伸手摸一摸頭髮，怎麼像冰箱中年初一吃剩的髮菜蠔子裡的髮菜一樣冰冷。

噢，我多大意，忘了戴上帽子睡覺。在零下的空氣中，體溫會從身體任何外露的地方溜走，後果可是很麻煩的。不過，戴上羊毛帽，寒風還是從棉被邊緣和我肩頸的縫隙中鑽進來，像刀子一樣。

我翻來覆去的，在零下十五度的寒風中，和小黑斷續的咳嗽聲中，我竟然不知不覺的睡著了。

人的身體的適應力，真的很奇妙。

往，彼岸。

去桑耶寺，要搭船。

桑耶寺是西藏的第一個寺院，建在湖岸另一邊全年乾旱的土地上。

這，究竟是什麼樣的一個象徵意義？

船上的積水，表面已結了薄冰。河岸兩旁的灰矮枯木不是連續的，而是一小叢一小叢的，像北歐音樂唱片的封套設計。

船家開了二十多年船，看上去不老，挺帥氣的，三個兒子都大了，其中一個上了西藏大學。

他說他活得很愜意，最喜歡往猴子洞朝聖。就這樣，每天都往彼岸一次。

不過，船到了彼岸，原來還得在沙漠中開一小時的車才到桑耶寺。吉普車在崎嶇的山路顛簸前行，揚起了嗆鼻的黃沙土。

桑耶寺，被藏人稱為沙漠中的寺院，車窗外的風景，令人想起阿富汗山區的沙漠，好像突然會跑出一幫圍著白頭巾的恐怖分子，突襲我們。

我在造夢嗎？

從飯店徒步到桑耶寺，天還未全亮。

在寺旁的招待所，喝著酥油甜茶，等待寺院開門。揚聲器播放著誦經的歌聲，慢慢的，歌聲混和了艾草燃燒的香味，我知道，是時候可以進去寺院了。

噢，桑耶寺，我曾經作過一個夢，一個人蹲在桑耶寺頂，金色的法輪和鹿兒的後面，天上的銀河閃耀著永恆的光。

現在，桑耶寺就在我的前面。那一千多年前的crossover建築，第一層是藏式，第二層中國式，第三層印度式，象徵著三位建築者——藏王松贊干布、漢人皇后文成公主、印度僧人寂護大師建寺的虔誠。

寺院的入口，夾道整齊的是兩排討錢的貧窮婦女和孩子。

我們一邊布施，一邊進寺。

整個西藏，桑耶寺是我最魂牽夢繫的地方。不光是因為它的歷史，還有寂護。

我對寂護大師有一種莫名的感情。我的佛學碩士論文就是研究寂護的。他是印度佛教後期的邏輯因明大師。他的邏輯是溫文的，甚至可以說是漂亮的。可惜的是，他的經

▲ 桑耶寺二樓，可以看見中國式的建築風格。
▼ 西藏的朝聖者喜歡撫摸放著經書或佛像的木櫃，接受加持。

論沒有同期的古漢譯本。

一進桑耶寺大殿，第一眼看見的，正正是寂護的雕像。很生動地，那知識分子的表情，淡金色的學者風範。我很自然的做了一個五體投地的大禮拜，以示尊重。他的旁邊，是蓮花生大士的金像。就是他們兩人把佛教帶進西藏。寂護大師是顯學，蓮花生大士是密宗。

可能是由於天還未全亮，寺內的光線很暗。不過，僧侶已開始誦經了。幾十個僧人，坐在一排一排整齊的沉色古木前，木上面放著長方形昏黃的經書，正搖擺著身體在誦經。在寒冷中，他們穿的不多，只是披著一襲藏紅色的僧袍，裡面還可以看見紅色黃邊夾衣那外露的整條手臂。究竟是誦經的節奏，還是寒冷的哆嗦，令他們旋轉地搖動身子呢？

寺院內的光線，主要來自兩個源頭：酥油供燈的燭光和斜照的淡黃晨光。不過，晨曦的淡光斜照，似乎更具有宗教性。

寺院七、八米樓高的佛殿，掛滿了五彩金黃的寶幢，從二樓斜照進來的昏黃晨光，穿過空氣中飄浮的微塵，似乎每顆微塵都反射著光蘊，融和著誦經的咒音，掀動我深層的某種神聖的悸動。

在土耳其的紫色蘇菲亞教堂、義大利的聖彼得大教堂，你都可以感受同樣的悸動，

無論你是哪一個宗教的信徒。彷彿人類的深處，就是有某種宗教性的弦線，等待著一次靈性的牽動。

桑耶寺的正堂，端坐著四、五米高的佛陀釋迦牟尼金像，左邊是四大菩薩，右邊是四大天王。人物是一樣的，但造型就跟漢地的不一樣。佛教重視的是「覺」，佛像只是一個符號，是世俗的一個相、一個建立，所以佛像的造型會融合不同文化和時代的特色，像是不同的翻譯文本。

希臘的佛、印度的佛、中國的佛、男身的、女身的、夜叉的……，林林總總；印度傳來的不二法門、中國禪宗說的無相而相、西藏說的大圓滿大手印……；在桑耶寺，我感受到的，是一種不能言說的悸動，慢慢地忘我起來。

▲ 寂護大師，就是他把佛教正式傳入西藏，並建立寺院制度。

▲ 蓮花生大師，西藏密宗的創建者，西藏人尊奉為總上師。

▼ 護法神的小房間。

第一個宇宙

為了拍攝這張照片（前頁），我們攀了一座小山。

原來，在四千米的高原，攀一座小山是那麼困難。

不停的喘氣，還有腳底下盡是鬆軟的沙土，每踏一步，都好像要掉下去那樣，現在想起來，還是覺得驚險。

不過，看見這張照片拍攝的成果，又覺得很值得。

因為，只有這樣的高角度，可以讓你看見宇宙。

西藏的第一個宇宙。

因為整個桑耶寺，是依照印度的壇城，即曼陀羅（mandala）來築建的。壇城就是宇宙的意義，看桑耶寺，我們可以看見古印度的宇宙觀：圍著寺院的圍牆，是鐵圍山，即是大地的邊緣；照片中央的主寺代表須彌山，是宇宙的中心；四個不同顏色的佛塔代表東勝神洲、南瞻部洲、西牛賀洲和北俱盧洲四大洲，便成了大地的四方了。

依著這張照片，看看桑耶曼陀羅的細節吧！

◀ 桑耶寺的主殿大佛，佛光普照桑耶的整個宇宙。

最後的一口氣

在中國人的地方，長輩老是教導我們要爭氣。

不過，無論怎樣的爭，在某一個時間、空間，我們總要吐出最後的一口氣。

桑耶主寺旁邊的護法廟，門口掛著兩個大皮袋，裝著很多藏人的最後一口氣。

只要你把親人的名字寫在門上，他們吐的最後一口氣，就會飛到袋裡，護法神究魯瑪波就會好好的保守，讓他們有另一次圓好的投生。

西藏狗的生死書

佛教把所有的生命體稱為「有情」。有情基於過去的業力，分別居於六道。上三道是天人、阿修羅，和人類；下三道是畜生、餓鬼，和地獄。西藏人認為，在畜生道中，最接近人道的是狗，所以西藏人對狗的態度是特別親切的。

在這次西藏的旅程中，我就認識了一隻擁有人的眼神的狗。

牠長了一身全白的長毛，一點都不骯髒，在陽光下閃閃發亮。尖尖的鼻子，眼神是矇矓的，像有很多話要跟你說似的。牠一見我們，就像老朋友一樣，非常的親切。

我們是在路邊的一個小鄉村遇上牠的。當小黑在拍照的時候，牠就用後腿蹬直，站起了身子，右手靠著小黑，左手在空中揮動，像指導著小黑，哪一個是最好的拍攝角度一樣。我們走的時候，牠傻勁的要鑽進我們的吉普車。開車後，還在後面跟著跑。車行了幾百米，發生了故障，停下來修。牠卻從老遠跑來，把頭柔柔的伏在我的臂彎中，在那一刻，我覺得已經和牠結了緣，可能在下一生，牠會是我的鄰居、同學，或者是同事，會說一些爛笑話，我買彩票輸了，牠還會安慰我呢！

一會兒，牠抬頭，望向很遠的地方，在無雲的藍天下，清風吹拂著白色的長毛，投

▲ 小白形而上的眼神，牠在思考生死解脫的問題嗎？

出了一個形而上的眼神，令人動容，不知是否在想一些生與死的問題。

我不會忘記，牠在我們車後一直追趕的樣子。牠的名字叫小白。

不過，隔一天的清晨，事情卻往另一個方向走。

天還未全亮，兩隻狗突然衝出了馬路，我們的吉普車閃避不來，輾過了一隻。我還記得車子輾過時，那一個令人心裡絞痛的跳動。我沒有回頭看。司機沒奈何的說：「死了。」然後，我看見扎西・星期五不停的轉著佛珠，不停的念渡亡咒。接著，他打了幾個電話。

幾天之後，談到輾過的狗，他說他心裡還是不舒服。

雖然我們不是有意的，不過，他已經打了電話給他的姊姊，找一個僧人為狗兒超渡，也叫了每天繞著大昭寺步行八公里的媽媽，為狗兒轉經筒，念觀音六字大明咒。

西藏人對狗兒生死的尊重，讓我留下很深的印象。

對的，眾生都有情，都是平等的，一條生命就是一條生命。我們對每一個生命，又是否有足夠的尊重呢？

▲ 西藏人認為，狗是最接近人道的動物。

六十二歲的牧羊船長

六十二歲的牧羊伯伯，名字叫欽車，他的說話方式很獨特，喜歡重複答案三次，然後笑三聲。

「你是做什麼的？」我們問。

「放羊，放羊，放羊，哈哈哈！」

「你多大了？」

「六十二歲，六十二歲，六十二歲，哈哈哈！」

「你開心嗎？」

「挺好，挺好，挺好，哈哈哈！」

重複而快樂。

他的說話方式，和他的生活方式，完全一模一樣。

他手裡的羊毛線筒一直自轉著，像一個轉經筒。

每天他就這樣地在放羊，放羊，放羊，哈哈哈！

◀ 在欽車伯伯的臉上，你可以看見簡單的快樂和自由。

噢，很大的一群羊，起碼有六、七十頭以上，羊毛緊貼羊毛的一起慢慢地走著，形狀就像一艘船。放羊的老人是船長，羊毛線筒就是他的舵、是不停轉動的佛珠，咒曼的光環一直加持著他，在那黃昏的金光之海，像一艘超越了時間的船，慢慢的駛向彼岸。空氣裡還瀰漫著他重複的笑聲，多麼愜意……

རྩེ་ཐང་ ༣ 澤當

澤當，藏文的意思是遊戲地。
完整的意思是指猴子的遊戲地。

西藏人傳說，藏人的祖先是六隻猴子。所以，澤當這個地方，就是西藏民族的根，是西藏文化的源。

在澤當，你會看見西藏人祖先的猴子洞、第一個皇宮，和藏王的陵墓。

在澤當，我卻看見了如人類學大師克勞德・李維史陀（Claude Levi-Strauss）說的泛人類的某種東西，還有，西藏民族獨一無二的個性演繹。

達爾文@西藏猴子洞

兩個世紀以前，達爾文提出了驚世駭俗的進化論，說我們是由猴子進化而來的。當時在教廷掀起了軒然大波，差不多要被處死。

不過，如果達爾文是西藏人，他的驚世駭俗卻變成了理所當然。因為在西藏人的傳說中，藏族的先祖正是一隻猴子。不過，這隻猴子是一隻在修行的猴子。

嚴格來說，是一個僧猴。但是他塵緣未了，一個魔女愛上了他，硬要和他結婚。他不許，魔女便要脅要和魔王生一地的魔子魔孫。僧猴無計可施，便請示觀音。觀音說：「那你就和她結婚好了。」就這樣，他們生下了六個孩子。這就是藏族的起源。

澤當這個地方，在藏文的意思，正是猴子的遊戲地，也是西藏文化的根源地。在這裡有一個叫猴子洞的地方，據說就是僧猴和他六個孩子居住的地方。

這個洞在山的深處，不大起眼，也不是旅遊熱點。不過，卻是聖地。很多藏人都會來這裡轉山朝聖，一轉便要幾天工夫。

其實，西藏這個傳說也挺人性的。人類不就是這樣嗎？一半魔性，一半神性。魔性一出，可以殺人放火，殘酷不仁；單是一個歐亞大草原，就有數不清的國家給屠殺滅族，更不要提近代的希特勒了。可是人性一旦光輝起來，又可以善悲為懷，感動大地，如德蘭修女、聖雄甘地、聖嚴法師……

人類的歷史，不就是一部神魔大戰史嗎？

▲ 這條不起眼的小路，可以通往藏族的發源地——猴子洞。

在雍布拉康，遇上摩西

神話大師約瑟夫・坎伯（Joseph Campell）發現，世界上不同文化，竟有著共同的神話，彷彿只是演員不同，劇本卻是一樣的。如少年戰勝巨人、放逐的國王、救人的仙子……，神話是象徵性的，表現了泛人類精神深處的原始衝動、欲望，和恐懼。

有一個劇本，也有著不同文化的版本，姑且叫它作「河邊的嬰孩」吧：日本的桃太郎、以色列的摩西，還有西藏的第一個國王，都是從河邊撿回來的嬰孩，長大以後，成為他們各別民族的象徵性人物。「河邊的嬰孩」有一種「由天上來」的意思，是一種造神儀式。但也許，他們真的就這樣的出現在河邊也說不定。

我眼前的西藏第一座皇宮——雍布拉康，就是這個河邊嬰孩築建的。他的名字叫聶耳贊普，長大以後統一了西藏多個原始部族，建立了國家的規模，成為第一個藏王。

雍布拉康，在澤當的小小山丘上，佇立著千年的中古幽思，在晨曦中，出奇地雅緻寧靜。真的是非常雅緻，不是堂皇。

雍布拉康有別於典型的藏式建築，是長方形，不是正方形的，外型也是立體幾何的；石牆上沒有任何圖案，只有部分的地方抹上西藏罕有的檸檬黃色，屋頂還有一條柱

▲ 西藏的第一個皇宮雍布拉康，看上去更像一個中世紀的修道院。

子狀的小煙囪，一點都不像皇宮，反而令人聯想起義大利托斯卡尼山丘上的中古修道院。說來有趣，也像神話一樣，世界上不同文化，在不同時代，竟有共同的建築。

是否在尚未有互聯網的年代，人類就已有共同的思潮？又或許是榮格所說的人類集體潛意識，又或許是大乘佛教說的阿賴耶（註1）。

對我來說，人類擁有共同的波動。

在雍布拉康的山腳下，我們遇上一個眼神很清澈的老婦人。

她說她雙腿不好，不能走上山丘了，所以就用手轉著佛珠，遠遠的向著雍布拉康念經。她讓我想起中世紀的修女。

對，雍布拉康是中世紀托斯卡尼山丘上的修道院，不是皇宮。

註1．阿賴耶在佛教中原是指「執著」或「所執之對象」，後來瑜迦行唯識學派提出「阿賴耶識」，是謂意識的根本，眼、耳、鼻、舌、身、意、末那識都由此而出，成為唯識學派的基礎理論，又稱「藏識」。

▲ 轉經筒的朝聖者。

▼ 雍布拉康山腳下，遙遙禱告的老婦人。

猜猜看，這是什麼地方？

灰黃色的一座山，也沒有什麼樹木，荒涼，平凡，孤單。

這座山，是不需要形容詞的，也沒有什麼特別之處。

不！這座山是藏王墓。共有十六個藏王，都葬在這座山裡。

最驚奇之處，就是它的毫不驚奇。墓穴裡沒有陪葬的金銀珠寶和婢女，連藏人最尊敬的松贊干布和文成公主，也只是在山上蓋了一座簡單的小廟宇，供人憑弔。這反而有點不可思議。

古文明帝國，如中國、埃及等，國王大多相信靈魂不滅。就只是一個想法的分別，墓穴可就大不一樣。這些國王的陵墓有如一座皇宮，有陪葬的婢女、士兵，甚至如秦始皇兵馬俑的龐大軍容。而且，建陵動輒數十年，耗費之鉅，甚至會影響國力。

「人的一生，如夢如幻，身體只是一個暫住的旅舍。」如果全國的人民，甚至連國王都這樣想，那誰還需要興建一座堂皇的墓穴？

一念之差，天淵之別。

從陵墓之別，我看見了執著和灑脫的兩種態度。

▲ 外觀毫不起眼的藏王墓。

▼ 松贊干布和文成公主的紀念廟宇。

藏獒

數西藏最紅，除了天葬，便屬西藏獒犬了。

藏獒不是一頭好惹的傢伙，我覺得應該是狗和獅子交配搞出來的……，這當然是說笑罷了！

我們在澤當，參觀了一個藏獒的養育場。你可以想像，一個人站在一條長長的露天走廊，夾道幾十頭藏獒向你嘯天狂嚎，那種撕裂心房的激動！Oh，my God……

小黑拍照不多，他說他不大喜歡這種犬，他還在想念著小白吧。

負責飼養藏犬的漢族阿媽，聲線很嘹亮，老是叫我不用怕：「和那隻咖啡色的握握手吧！」我握了一握牠伸出鐵絲網的手，很肥，很大，那不是狗的感覺，像和一隻老虎握手，我趕快把手縮回。殊不知那阿媽已經放了一頭兩百磅的藏獒出來，牠叫小霸王，野生的，是全場身價最高的獒犬，叫價一百八十萬人民幣。

阿媽又說：「不用怕，抱著牠拍照吧。」

噢，不用了，真的不用了。

不過，藏獒養育場最有趣的生物，不是狗，是一頭貓。我看著牠大模大樣的跑來跑去。阿媽說，這頭貓不但不怕藏獒，還會欺負牠們。可是，貓兒卻反過來給一隻鸚鵡欺負。

在西藏，真的有很多事物都違反了我們的常識，要求你以一顆非常開放的心看待之。

其實，常識又算什麼呢？和風俗道德一樣，還不只是大眾的習慣而已。

▲ 身價人民幣一百八十萬的小霸王。

全村人，起一間屋

在路上，農村前，我們看見幾個背石頭的婦女。她們背著竹籃，載滿了石頭，不知要去哪兒呢？

我們好奇地問她們要去哪裡，她們說：「我們在起屋啊！」

「那男的呢？」

「在那裡！」

我們隨著指示的方向，往遠處一看，果然有很多男人在建一間典型的藏式農民石屋，孩子就在旁邊玩耍。

「喂，你們的家庭有那麼多人啊？」我驚奇地說。

「不，」其中一個背石頭的婦女答道，「全村的人，有空都會來幫忙建屋啊！」

「全村的人……，那，你們多少天時間可以建好一間屋？」

「十三天。」

「十三天？真的人多好辦事呢！」我說。

西藏廣闊的大地，只有兩百萬人口，土地大量供應，房屋的外型大都差不多，建築

▲ 背著石頭的建屋村婦。

公司就是全村的人。他們一定不知道地產發展和地產代理這些行業是幹什麼的。

「關於房屋這方面，在我們的家鄉，也會全部人一起做一件事。不過不是起樓，是炒樓。」我打趣地說。

「什麼？炒樓？炒好了之後，是不是大家一起吃？」農婦不解地問。

「不，只有很少的人吃，其他人便捱捱苦吧！」

「噢，一個人吃不完的，吃剩了便太浪費了。」

「……」

算了吧，她永遠都不會明白炒樓是什麼，我只會越說越糟，她們也不會欣賞我的「黑色幽默」吧！

▲ 女的背石，男的砌牆，全村人都在幫忙建屋。

ཞིང་སྡེ 西藏農村

我一直都希望，
可以在一個西藏的農村住一段時間，
幾個月，甚至一年……

這當然很難成真，不過好心的札西・星期五卻幫我們聯絡了一個農村的藏醫朋友，讓我們在他家住兩個晚上，這真的讓我夠樂的了。謝謝你，札西・星期五。

吉普車在午後慢慢的駛進了一個拉薩郊外的農村。

冬天的西藏農村，寒冷空氣中沒有青草的氣味，也看不見綠油油的田園景色。大地，主要是灰黃土和尖硬的碎石，那是飽經冰雪侵蝕過的風景。遠處是烈日下的群山，一個農民背著藍色的水桶，在結冰的河上提取食水。

那是，種粗獷荒涼的美，屬於硬的調性。

我就是在這個農村，硬硬的過了兩天。

▲ 我們就在這個藏醫的家過了兩天。
▼ 牧民的女兒正在為牛兒預備豐富的午餐。

藏醫家

藏醫的家，是典型的四方形藏式平房。平房的前面是一個護土牆，牆的中間是一道門。我們穿過了小門，藏醫穿上了傳統的藏服、戴上牛仔帽，歡迎我們。

藏醫長得挺帥氣的，他樸素的太太抱著可愛的兩歲兒子，站在他旁邊，他們養的藏犬不停的吠叫。藏醫說不要行近牠，會咬人的。

藏醫家挺寬闊的，有一個兩百平方呎的廚房，還有客廳和兩、三個睡房。牆上和屋頂都畫上五彩的花草鳥獸圖。客廳的桌子上，擺滿了藏式小吃，有牛肉乾、羊奶甜品，和一些未見過的薄餅。

藏醫敬酒。他拿著一碗青稞酒，用無名指點了一點，然後向天、向地、向前面彈一彈，代表敬天、敬地、敬人的意思。接著連喝三碗。我也跟著他做。藏人愛酒，那青稞酒是每家每戶都會自己釀製的。那碗酒真的太好喝了。清甜中是恰到好處的酒意，比酒吧裡常喝的生啤強多了。

藏醫太太親手做糌粑。那是藏人每天三餐的主食，像我們的米飯一樣。她放一些炒熟了的青稞磨成的粉，再加酥油茶，然後用手搓著、捻著，一會兒便做完了一個外型像

▲ 喝青稞酒之前，藏醫要先敬天、敬地和敬人。

馬鈴薯般的糌粑。我尊重的品嘗著。那味道，令我想起廣東家鄉的炒米餅。不過炒米餅是硬的，而糌粑是軟的。

天慢慢的黑了。藏醫正忙著為一個老人把脈診症。

我們吃過農村的湯麵，便準備上床。除了棉被，還有一張像地氈般厚硬的被，無論怎樣蓋，它都會很快地滑跌在地上。

睡到半夜，可能青稞酒喝多了，我要去小解。只是洗手間前面的藏犬發狂的吠叫，我只好穿過護土牆，跑到屋外。寒風瑟瑟，非常的冷，我一直哆嗦著，流出來的東西好像會立即變成冰柱那樣。

我抬頭，天上流著的，也是如冰一般清澈的銀河。

▲ 藏醫在替一個村民把脈治病。

▼ 藏醫為我們預備的西藏甜品小吃，有青稞酒、羊奶餅、很硬的牛肉乾、酥油茶，和薄餅等。

加牛站

我們採訪了一個牧牛的牧民和他的牧牛場。

也許牧牛場不是一個很貼切的形容詞，應該說是一片小小的沙地。我們大概在十一點多到達，「牧牛場」真的就只是一片沙地，什麼都沒有。

牧民名叫次連敦珠，五十八歲了，人很清瘦，但仍然很強壯，說起話來很害羞，不會正眼看我們的那種。

他說，夏天的時候，他會帶著他的牛群往遠遠的山後去，然後在那裡搭帳篷，一住便幾個月，到深秋才回到這個村裡的牧牛場，所以這裡很簡陋，只有一間簡單的房子和一個沙地。

那麼，牛呢？

他說，牛去山上吃草了，不過冬天的草很少，即便有，也不太好吃，大約十二點便會自己回來。

的確，大約十二點的時候，牛隻便陸陸續續的回來了。

牛的頸上都掛上銅鈴，叮叮噹噹的步入牛場。

▲ 害羞的牧民次連敦珠在擠牛奶。

牧民和他的女兒，逐一的把牛拴好在早已固定地上的銅環，只消一會兒，接近五十頭牛，便整齊的一排排固定在各自的位置上，像一個停車場。就好比一個在花蓮市購物商場旁的小型停車場，突然在假日的中午泊滿了車輛。

牛群在等待加油。牧民和他的女兒，還有我，便真的像加油站的服務員一樣，把一桶一桶的藍色塑膠桶，裝滿了青粿粉稀開成糊狀的食物，放在牛的面前。牛兒就伸出如熟透了的香蕉般的舌頭，愉快地舔食著。

加油呀，牛群！

吃飽了，牧民便逐一為牛隻搾牛乳，很快就滿滿的幾桶了。

牧民照顧牛，牛也同樣照顧牧民。

太陽還仍舊在我們的頭頂烈烈地曬著，像沒有移動過一樣。

▲ 牧民和女兒，以及他們簡陋的家。

牛，是一個系統

有沒有算過，我們購買生活所需，要去多少個地方？

首先，要去街市買一些新鮮肉類，再去超市、便利店買汽水、牛奶、綠茶、速食麵等，偶爾會上不同的館子，吃吃法國晚餐、日本壽司、中東烤肉等等。穿的方面，有平時穿的休閒服、上班穿的得體套裝，還有一些時尚名牌時裝、手袋，過了時還要換季……呀，別忘了去繳煤氣費，否則便不能生火煮食、洗澡等。

然而，一個西藏牧民所需要的，大致上就只消一頭牛。

牛肉、牛乳是他們主要的食物，牛皮用來做衣服，非常保暖，牛車是交通工具，但最厲害的，還有牛糞。

在藏醫的家，我就親身見識過牛糞的神奇。

藏醫的太太把曬乾了的牛糞，加上幾粒如蠶豆大小的乾羊糞，放進一個鐵罐中，便生起火來，為我們煮晚餐。

原來，牛糞燒起來無味無煙，真的很神奇。藏醫太太還讓兩歲的寶貝兒子在牛糞爐旁邊玩耍。藏醫都那麼放心，牛糞爐又怎會有不良的「副作用」呢？炊完飯，藏醫把牛糞煮食爐放在我們的睡房，便成了一座暖爐。其實，如果說，牛，是西藏牧民的超市、煤氣公司、服裝店、敞篷轎車，一點也不過分。

那天晚上，我望著窗外寒冷但清澈的星空，腦海不停浮現這個問題：「我們，真的需要那麼多東西嗎？」

也許，你會取笑我有點反文化的矯情。這類思想是幼稚的，甚至帶點危險。不滿足，就是進步。還欲望一個公道吧！

我們有超過五百種洗髮水、一千種飲品、一萬雙鞋、十萬件衣服，供我們選擇。我的專業是廣告創作總監，是和媒體一起建構這個現代化欲望都市的一分子，我當然明白欲望的本質。沒有欲望，一個文化就不會趨向精緻化。

只是，偶爾當我們在欲望的沙塵暴中，被吹得看不見身在何處時，問一問這個問題：「我們真的需要那麼多嗎？」

也許會幫助我們撥開風沙，再看見自己也說不定。

二男一女，不是嬲。

在廣東話裡，「嬲」是指非常不悅、氣憤的意思，相當逼真傳神。不過，在這張兩男一女構圖的照片裡，你不但不會看到不悅之情，而且氣氛還非常融洽呢！

照片中，右邊年輕漂亮的女子，名叫貢祖珠瑪，她老遠從康巴離鄉背井嫁到西藏農村。照片最左邊是她的丈夫達華。她打理家務之餘，還要照顧照片中間，她輕輕拍他頭的那個男人——她丈夫的智障哥哥桑丹連瑪。

噢，在香港，這是一個很典型的家庭悲劇的設定：外地新娘嫁到問題家庭。香港有一個叫天水圍的地方，差不多每個月都會發生殺人後自殺的家庭悲劇。

不過，這家人卻完全不同。

太太大讚丈夫對她溫柔體貼，丈夫大讚太太能幹、工作勤快，至於那個智障的哥哥，在她眼中是一個善良可愛的孩子。單看照片也可以感受到他們的融洽……

一念天堂，一念地獄。

▲ 二男一女，融洽的一個「嫐」字。

རྒྱལ་རྩེ ༥ 江孜

這是一段雄壯的旅程！

一天之內，我們曾經過西藏的高山、聖湖、沙漠深處的寺院，最後來到被稱為西藏英雄地的江孜。

沿途風景的壯闊和變化之大，令我目瞪口呆。

到達江孜，已經是黃昏。

江孜城門山坡上的宗山城堡，在斜陽中依然散發著昔日的英姿。這裡在一百年前，曾經是西藏人用簡陋武器抵禦英軍入侵的戰場。

雄偉的大地，悲壯的歷史。

聖湖的冰河時期

我們是幸運的。

西藏的聖湖，叫羊卓雍錯，簡稱羊湖，是世界上最大的高山湖，好幾年才結一次冰。恰好，我們參觀羊湖的時候，就遇上了羊湖結冰，可以在湖上漫步。

在山上看聖湖，和在湖面上漫步，是截然的兩種感覺。一個是莊嚴壯觀，另一個是如夢如幻。

太陽猛烈的照耀著，而我們卻漫步在冰的世界裡。這是一個不冷的零下世界，冷裡透著溫暖，暖中又帶著清涼。很西藏式熱情的冷，是西藏人那種熱愛生命又沒有被生命之火燃燒的清涼。

腳底下的冰塊，像把我們和世俗隔開，站立在一個神聖的境界中。不過，步行了幾步，就聽見不知從哪傳來像是冰裂的微聲，打斷了我那神聖的玄思，肉體好像又要下墜到什麼地方了……

在羊湖邊，我們真的遇上了一個羊男。

是一個趕著一大群羊的牧羊青年。他名叫旺堆，二十三歲，矮小的個子，長期曝曬

▲ 我們曾經在聖湖上漫步。

的臉，灰紅色的，長出了深深的皺紋，像一個中年人。

我問他：「你有什麼夢想？」

他回答：「我喜歡織布。」

西藏人就是這樣。他們沒有不切實際的夢想，比如做一個投資銀行家呀、鋼琴家呀等等。他們的夢想，都是很生活的、很貼近的東西。

也許，生活的本質本來就應該是這樣也說不定。

也許，不是「美國夢」那種自我膨脹的意識型態的顛倒也說不定。

不過，我們好像已經習慣了生活在西方文化的設定中，而忘掉了純粹。

不知該怎樣解釋，在冰河時期的聖湖邊，聽羊男說他的夢想：「我喜歡織布。」突然給我一種浪漫的感覺。

是一種很遙遠、超越了時空，很純白的浪漫感覺。

▲ 聖湖邊的羊男。

▼ 離開了聖湖，我們將開往沙漠深處。

我買了，他親手做的香

離開了聖湖，吉普車一路下山，結冰的湖在車窗外慢慢褪去，然後我只看見沙漠。吉普車一直開往沙漠的深處，灰色的山離我越來越遠，好像將會在遠處慢慢消失。突然面前出現了一個寺院——桑丁寺。

不知道是由於寺院每層樓底比一般的寺院高，還是由於它被孤立在沙漠中心的緣故，桑丁寺顯得格外的壯觀好看。

桑丁寺高高的大門前，有四、五個僧人，正操作著一部簡單的機器，像在製作什麼似的。我趨前去看看，原來他們在做藏香。桑丁寺的藏香是很有名的，分銷全國各地。設在沙漠中心的藏香工廠，會不會違反了物流的邏輯？

算了吧，香港人！

我們攀上了寺頂，在金色的法輪前面，我看見廣闊的沙漠中出現了龍捲風。那真的是奇景。不過那龍捲風似乎很友善，幼幼的一條小龍，一、二十米高，在廣闊的沙漠自在的遊走，一點都不像電影中常見的惡龍。

其實，西藏沙漠最惡的是沙塵暴，一旦刮起，就算站在廟頂，也會什麼都看不見。

▲ 沙漠中的龍捲風，像條細細幼幼的小龍，盤旋飛舞著。
▼ 桑丁寺前正在製香的僧人。

在寺院的二樓，我們認識了一個小僧人。他在做好像包裝的最後工序。不要想像成廣東工廠生產線那種作業模式，他只是把檯面上零零星星的小三角椎形藏香入盒而已，還不時和身邊的僧友談笑。

他叫仁珠多傑，十八歲，來桑丁寺一年了。他說他不喜歡上學校，喜歡做僧人，便跟父母說要出家。他說他現在很開心。

當然嘛，不用上學，做自已喜歡的事情，父母又不反對，怎會不開心？

臨走的時候，我跟他買了剛剛入盒的幾盒藏香，他自豪的說：「這是我親手做的！」

▲「這些藏香是我做的。」站在前面的小僧人仁珠多傑自豪地說。
▼桑丁寺的內殿。

英雄地的斯文女大學生

江孜，是西藏第三大城市。屹立在江孜縣城山頭上的宗山城堡，一百年前，曾經是西藏人勇敢抵抗英軍侵略的民族英雄地。不過，江孜人卻一點都不凶悍，舉止談吐出奇地溫文，服飾的風格也樸素低調。

我們在江孜的四川菜小館，遇上了一個清秀漂亮的江孜女大學生。她叫達珍，十九歲，就讀西藏大學電腦系。趁寒假回江孜老家當服務員賺外快。

我問她有什麼夢想？終於，我聽見不是像「就這樣待著也不錯」的答案了。

她說她想到北京或上海這些大城市看看，或者到一些國際公司工作也滿不錯的，反正多看、多體驗吧！

一個有著現代思想的害羞農村女孩，希望她可以在現代世界中找到她想要的什麼吧！

◀ 江孜的清純女大學生，眼神充滿屬於現代的夢想

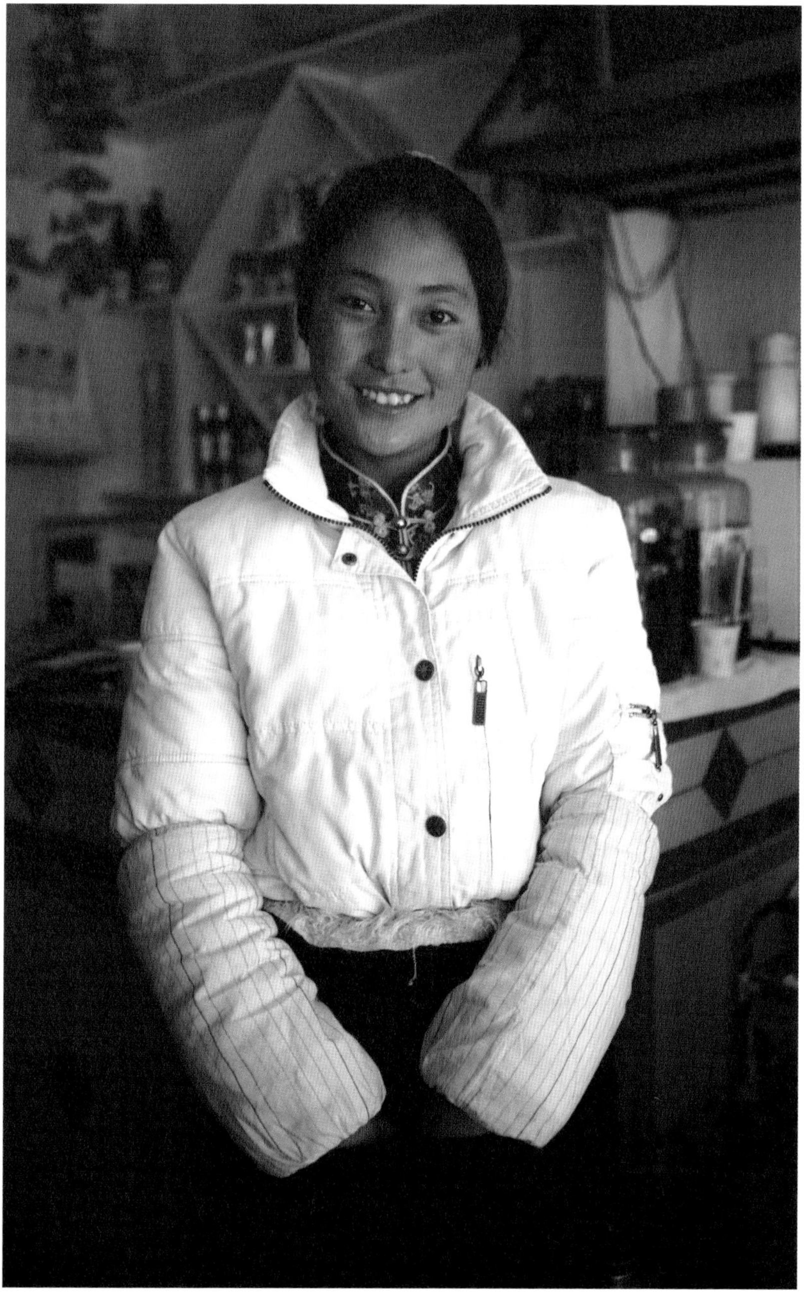

白居寺的紅

白居寺是江孜的代表性寺廟。很有風格，簡簡單單的，一間黑色的寺，一個白色的塔。許舜英見了，可能會說：「是川久保玲的黑。」

寺院的黑，其實是特大的布門。

暖和的陽光，悠閒的寺廟，藏式的黑布門隨風微微的飄動。兩個年輕的媽媽坐在廣場，自然的敞開胸脯在餵奶。一個清瘦的老頭，讓我們拍照，然後議價。

我在寺院內買了一串觸感粗糙的大佛珠，跟在兩個轉經的老婆婆後面，在寺院的廣場來回。一個康巴的帥哥經過我，往轉經廊。

這是一個很快樂的上午。這快樂沒有宗教性，是屬於人間的。

太陽開始到正頂。我們三人登上白色的佛塔。這個佛塔有十萬個佛像，分佈在佛塔內像山洞般大小不同的佛龕中。

我們到了塔頂，遇見了一個紅衣少女和她的小兒子。「少婦」這詞對她來說，是不合適的。一方面，她很年輕，看上去只有二十歲。最重要的是，她有少女的氣質——清純、靦腆和詩意的神情。

▲ 一對來自青海的雙生朝聖姊妹，手上拿著上一年在青海地震中不幸罹難的親友照片，和一疊供佛的零錢，為他們祝禱。

▼ 一個西藏母親在陽光下為嬰兒餵奶。

我們請她讓小黑拍一張照片。起先她不好意思的拒絕了，經過札西・星期五的誠意哀求，才終於答應。

她手拖著她的兒子，站在塔頂一面白牆的前面。這時中午的陽光很烈，照在牆上反射著刺眼的白，與少女的紅色藏服和像曬傷了的紅色肌膚，強烈地反差著，卻又互相穿透著。噢，很和諧啊！

A picture says a thousand words.

這就是我想說的「冷的熱情」。西藏的「冷的熱情」。

一種熱愛生命卻沒有被生命之火炙燒的清涼的熱。是超越了冷和熱之後的和諧統一。是回歸到生和死之前，那周遍的生機和宏淵的愛。

這愛，也是屬於人間的，卻又不只是人間。

◀ 像少女的母親，和西藏五度的冷的熱情。

གཞིས་ཀ་རྩེ་ས་ཁུལ་ ༨ 日喀則

我在日喀則市的一間網咖內，

坐在我旁邊的藏族少年，正抽著菸，看港片《古惑仔》。

他非常溫文，還教我如何上網，顛覆了叛逆青少年的刻板印象。

西藏青少年是不是不反叛的呢？我不肯定……

離開網咖，我進了一間理髮店洗頭。

札西・星期五老是說：「最好不要洗澡、洗頭，很容易會感冒。受不了的話，去理髮店吧。」

這是一間以玻璃和銀色金屬裝修的理髮店，挺現代感的，牆上還貼了韓星的海報。在暖氣中洗頭，很舒服，只需二十元罷了。

我在享受著現代文明。

日喀則是西藏第二大城市，二十多萬人，是黃教格魯派的發源地。這幾百年，格魯派一直是執政教派，而黃教的大寺、紮什倫布寺就是在日喀則。

西藏似乎就只有在拉薩市和日喀則市（好像還有林芝市）可以享受一點現代化的文明。其他的地方，都是樸素得近乎原始的。

抵達日喀則前一晚，落腳在定日縣唯一的小旅館。晚上沒有暖氣，甚至沒有電力。旅館的小餐室，煲著一大壺水，上升的蒸氣集中在壺上的一條長鐵管中，不停流動。

我抱著一隻可能因為看烈日太久而眼神矇矓的黑貓，滿足於生命之間渴望撫貼的皮膚下血液流動的溫暖。

從黃昏，到深夜，在這十八世紀古老的蒸氣暖爐旁，透著遙遠的溫柔。

▲ 簡樸的定日縣，西藏一般的縣市都是這個樣子。

珠峰的第一道光

吉普車內漆黑一片，只有一、兩個藍色的電子數字在孤獨地閃動，其中一組顯示「－17℃」，即是說，溫度是零下十七度。

的確很冷。我們在車廂內哆嗦著。

由於是旅遊超淡季，前一晚，我們住在定日縣的旅館（其實不算什麼縣，只是一個小鎮），十一點後便沒有電力和水的供應了。亦即是說，我們在沒有暖氣的支援下，已經忍受了零下十七度超過七個小時。

所為何事？

一睹世界第一峰的日出，被譽為珠峰的第一道金光。

值得的！

我們在瞭望台一直等著，終於天邊的寒霧中出現了一抹昏黃。然後小黑大叫了一聲：「開工吧！」我們興奮地跳了下車，小黑架起了相機，晨光真的灑落了珠峰一道耀目的金黃。

一切都如旅遊書看的那樣。

只是，這個時候，我最害怕的感覺出現了——不外如是。

不知道為什麼，一些世界著名的名勝，當你親身看見的時候，會產生不外如是的感覺。當然不是每一個名勝都是這樣，也許只是我個人的感覺也說不定。

事實上，被西方譽為聖母峰、玉女峰等的珠穆朗瑪，在西藏人眼中也不是最神聖的。西藏的神山叫岡仁波齊，在離拉薩兩千多公里外的阿里地區，而「珠穆朗瑪」，藏語的意思就只是——牛皮。

牛皮？

啊，真的很像牛皮，披金光的牛皮。

西藏人喜歡把山河大地看成是生物。聖湖叫羊湖，珠峰是牛皮，雅魯藏布江是神牛鼻孔噴出來的一道呼吸。

不過，在我的眼中，西藏人自己反而是一道一道的風景。

有趣。

珠峰有點不外如是，可是珠峰的周圍卻出現了罕有的雲海，非常好看。情況就如，你心儀已久的女神，答應和你共膳。在一席交談中，你卻發覺她不如你想像的那麼特別，反而與她一起同來的女孩倒吸引了你的注意，之後還做了你的女朋友……

人生經常會有這樣的情況出現，旅行，當然也不例外。

又或者，我們去朝聖，聖山可能早已經矗立在我們的心中，朝聖其實是想朝見心中莊嚴的廟宇。

人類的本性中，從來就有宗教的需求，和那種能夠感覺神聖的某種東西的能力。問題是，如保羅・科爾賀（Paulo Coelho）在《牧羊少年奇幻之旅》（*The Alchemist*）一書中所說的：「我們有沒有活出我們自己的傳奇？」

To live out our legend.

當然，能夠攀上自己心中的珠穆朗瑪峰插旗大叫的，只是極極的少數。大部分的人生，也許只是如叔本華（Arthur Schopenhauer）所說的「煩煩瑣瑣的一團衝動」也說不定，是那種令人害怕的感覺——不外如是。

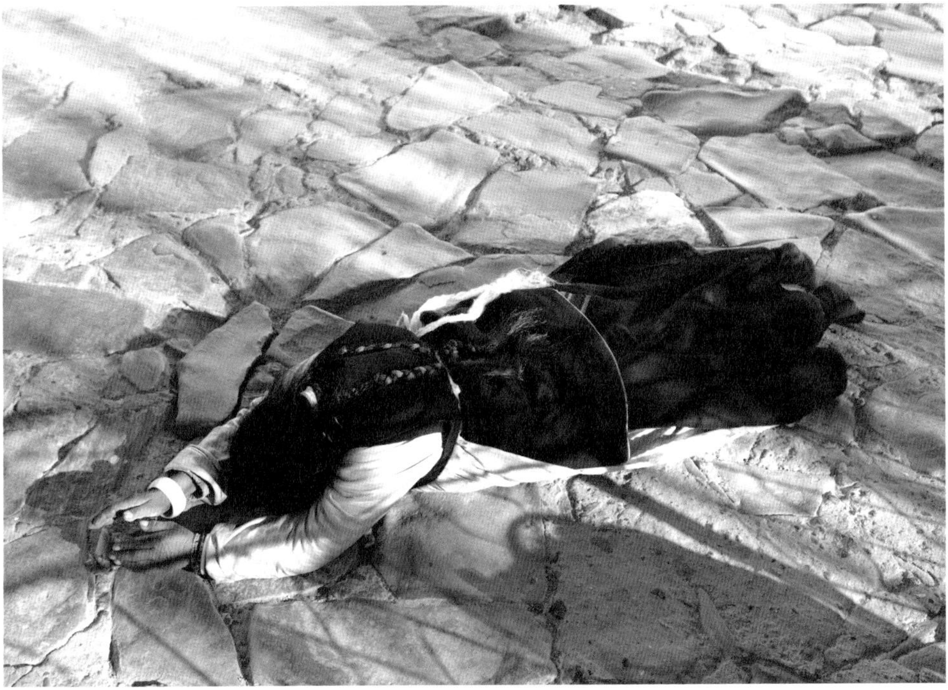

▲ 我們朝聖，是否在朝心中的廟宇？

紮什倫布寺的黃，薩迦寺的花灰

我在黃教的紮什倫布寺，遇上花教教主；在花教主寺薩迦寺，向黃教的大師頂禮。對不起，我不是要混亂你，我只是想對你說，西藏的四大教派——紅教、黃教、白教、花教，並不是那麼的壁壘分明。即使，它們的visual identity（圖像辨別）是那麼的鮮明。

花教薩迦寺是灰色的，兩條紅白幼幼的直線，由寺頂一直畫下，直到地上，像廣大虛空中，慈悲和智慧兩條不斷的脈，非常的別樹一格。不止是寺院，在薩迦這個地方，農民的平房也是一樣，灰色中兩條紅白的脈。

黃教格魯派的大寺紮什倫布寺，規模相當的龐大。四座寺廟，屹立在一層一層像宗教村一樣的平房群前面。可以想像，組織嚴謹的格魯派，幾百年來那香火和學僧之盛。紮什倫布寺的主色調是黃、橙、棕和金色，步行在寺廟與寺廟橙色高牆之間的石板小路上，有一種義大利小鎮的橙黃色的休閒感。

你可能會問，西藏人是不是只去自己所屬教派的寺院呢？不是這樣的。西藏平民的腦海中，根本就沒有教派。札西・星期五跟我說，他們從小就不會理會一間寺廟是屬於

▲ 紮什倫布寺內的佛塔。
▼ 薩迦寺和廟前中央贈送的石獅子，奇怪的配搭？

哪一種顏色，有智慧的大師，他們就會尊敬。

事實上，在薩迦派的寺廟，我就同時看見黃、紅、白、花四個教的大成就者的肖像。這些大師的笑容，還有各種的本尊和護法，凝聚著藏人親切的生活感情。我們眼前窮凶極惡的佛像、男女交合的佛像，曾經給予過不少藏民困苦時的慈悲慰藉。

旅遊者看著這些凶惡和情色的形象，以及西藏人臉上的安慰和虔誠，大惑不解地說：「噢，這神祕的習俗！」如胡晴舫在《旅人》一書中寫道，我們總是帶著自己的家鄉去旅遊，用我們習俗的眼光去詮釋另一個文化。可以想像，如果一個西藏人，在香港銅鑼灣目睹一個女生隔著玻璃，定睛地看著只是一個皮袋、一雙皮鞋，竟掀起了近乎看著歐洲教堂彩色玻璃而生出的尊敬（甚至虔誠）表情，他也可能會說：「噢，神祕的習俗！」

不過，與其說是神祕的習俗，不如說是習俗的神祕吧。

習俗的神祕力量，一直支配著我們，是誰在不知不覺中設定習俗？是誰一直在教我們如何生活？教我們吃什麼、穿什麼、喜歡什麼、憎恨什麼……

似乎，我們並不真的太自由。

▲ 紮什倫布寺的轉經筒老人。

▼ 紮什倫布寺規模龐大，像一個宗教村，這是其中的一個寺院群。

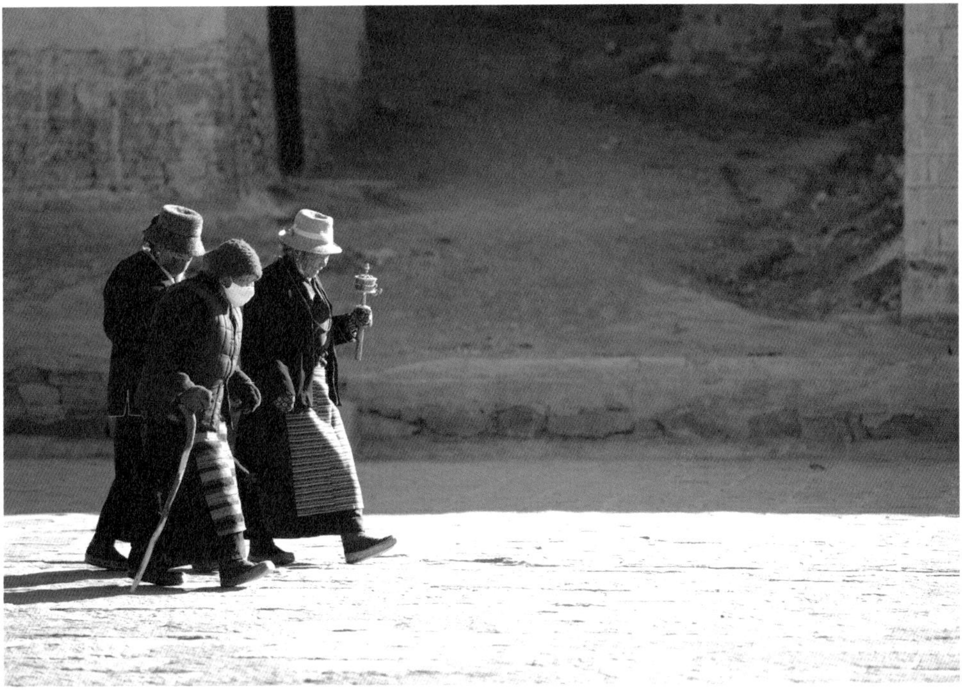

為什麼西藏的佛像那麼色情？

宗教是純潔和神聖的，為什麼西藏的佛像總是一男一女在交合？西方遊人固然大惑不解；漢土人士習慣了平靜莊嚴的佛像，看見這些交歡的佛像，也難免會覺得西藏密宗淫邪詭異，也許有人會笑吟吟地說：「他們在修歡喜禪……」

其實，佛父、佛母的交合，有一個很重要的表義：雙運。

佛母代表智慧，佛父代表慈悲。

佛不是一個人，是一種覺，覺而有情。覺這個本然智，卻不忘有情世界。是智慧和慈悲的雙運，神聖和世俗的雙運，空性和現象的雙運。

《心經》說：「色即是空，空即是色，色不異空，空不異色（註1）。」就是佛父、佛母交合的表義。

為什麼佛母代表智慧？這是要表達一切現象是從本然智慧顯現出來的意思，這裡特別著重生機。

想一想，這個佛父、佛母交合的比喻，不是很貼切嗎？世間一切生機，不也是經陰陽交合後，由母體生出來的嗎？實在沒有什麼好忌諱的。正如你和你深愛的人造愛，也是沒有什麼好忌諱的。

註1．色不是色情的意思，是指一切生物和死物。這句可解釋為：現象即是空性，空性即是現象；離開空性，找不到現象；離開現象，找不到空性。

▲ 最容易讓人誤解的男女雙身佛像。

為什麼西藏的佛像那麼猙獰？

獠牙血口，怒目暴髮，西藏寺廟和唐卡上的可怕佛像，又再次讓人覺得西藏密宗的邪氣詭異？

這些凶惡的佛像，一般來說，可分為兩類：第一類是本尊或菩薩的忿怒相。本尊菩薩有兩種相，寂靜相和忿怒相。寂靜相平靜莊嚴，代表清淨、神聖的一面；忿怒相凶惡猙獰，代表五毒、世俗的一面。

還記得我說過的「雙運」嗎？五毒是指貪（貪婪）、瞋（憤怒）、癡（無明）、妒（妒忌）、慢（傲慢）。人世間，主要靠這五種力量運作。但五毒並不全是不好的。學佛也是一種貪，貪解脫吧。問題是如何把他們轉化。

密宗修行人修忿怒尊，就是修世俗的一面，修自己本身的人性，修轉化。所謂「不捨五毒自解脫」，就是這個意思。當然這個很難做到，否則便不用修法了。

在西藏寺廟最常看見的大威德忿怒尊，便是文殊菩薩的忿怒相了。

那麼，第二類的凶惡佛像又是什麼？

其實祂們是護法。祂們本來是西藏本土原始宗教，即苯教的山河大地神。後來給西藏密宗始祖蓮花生大士懾服了，便轉而成為了佛教的護法。情況就如黑社會大哥改邪歸正，轉而協助警方維護法紀。不過外型上，他們仍然是凶神惡煞、戴粗金鏈、背有紋身，臉上還可能有一、兩道刀疤呢！

▲「我很兇，可是我很溫柔。」
▼「改邪歸正」的護法？

納唐寺的廢墟

納唐寺有一千多年了，曾經是印經的中心，寺院的其中一個房間便是印經房。長方形的印經房並不大，樓底卻十分的高，四面牆壁是擺放印經木板的架子。那雕滿了密密麻麻藏經文字的木刻板，長方形一塊一塊的，把四面牆壁從屋頂到地面塞得滿滿的，帶點凌亂，像沒有檔案系統似的。很多經書都是在這間房間印出來的。

在木板上塗上一抹紅油，放上紙張，copy，paste，copy，paste，copy，paste……，像電腦的列印功能。

一個母親和孩子從藏經架下爬過，希望得到加持。

步出主廟，我看見一個廢墟，有一種希臘式的聯想。在西藏寺院旁邊出現希臘式的廢墟，怎樣說也是出奇的。廢墟，總是掀動著詩人的想像，英國詩人艾略特（T.S. Elliot）的《荒原》（*The Waste Land*），和法國詩人波特萊爾（Ch. Baudelaire）都寫過廢墟，因為廢墟是繁華的死亡方式。幾許豐功偉創，他朝都會變成頹垣敗瓦。這種生命的短暫性，是存在的最原始恐懼，也同時讓我們意識到和想解開「生存的意義」這個魔咒。

▲ 朝聖者總喜歡從經書木架下爬過，是除業障，也是加持。

▼ 這裡曾經是印經中心，架上放滿雕滿經文的刻板，動輒有幾百年的歷史。

納唐寺的廢墟，或者就是要對我們說「無常」這個道理。不過，無常不一定是一個唏噓消極的概念。如果種子是常，便不會開花；如果孩子是常，也永遠不會長大。無常，不正是生機嗎？

▲ 納塘寺是古寺，舊址的廢墟，有超過一千年的滄桑。
▼ 重新修繕的納塘寺。

ལྷ་ས་ལ་ཕྱིར་ལོག ༧ 回 拉 薩

骯髒的神聖

骯髒和神聖，風馬牛不相及的兩個概念，兩極的感覺。不過，骯髒和神聖，有一個共通點：蔑視世俗。最起碼，不太理會。不理會自我形象、潮流品牌、別人目光，有的只是心中的廟宇和篤定的眼神。

在磕長頭的朝聖者身上，我看見了骯髒，也看見了神聖。

在回拉薩的路上，我們遇上了一幫磕長頭的朝聖者。通常他們一行數人，其中一個較年長的負責煮食和運輸等工作。我們遇上的這個朝聖團隊，一行六人，其中一個人負責開小車，車上裝著食物和帳篷。

每天清晨四點，他們便啟程，冒著寒風開始磕長頭，一直至日落，便搭帳篷煮食。磕長頭的人，每三步便一個五體投地的大禮拜，手裡拿著念珠和一塊小石頭或骨頭之類，以記錄下一步的地點。

他們這樣三步一拜的已經走了一個月，還有十多天，便能到達他們的朝聖地大昭寺了。其實，他們這個團隊已經算是裝備齊全了，有些磕長頭者跪了好幾個月，甚至一年以上，只推一部木頭車，有的甚至連車也沒有。

▲ 回拉薩的路上，遇上磕長頭朝聖者的六人小車隊。
▼ 在磕長頭者的臉上，你會看見骯髒的篤定。

朝聖者先要苦行自己，這是印度古遠的傳統。彷彿只有苦行肉體，某種內在神聖的東西，才可以從身體的監獄中釋放出來。在馬來西亞的印度社群，每年都有一次大型的朝聖活動，印度教徒用長刺穿臉，全身的皮肉掛滿了魚鈎，尋求靈性從肉體中昇華……

相較之下，磕長頭就顯得舒服很多了。不過，破衣蒙塵的磕長頭朝聖者，總是教人動容的。

我們臨走時，給了他們幾十塊，說在路上買些甜茶喝喝吧。

他們笑了笑，接下，不卑不亢的。

四個孩子的笑容

傑克・康菲爾德（Jack Kornfield）說：「我們的意識中，蘊藏著英雄、愛人、隱士、獨裁者、睿智的女性與愚者……，甚至更多的角色。」

其實，小孩子正是如此。

我在西藏，就遇見了完全不同的孩子笑臉。

一、天真的

兩條鼻涕像水晶般掛在紅蘋果臉上，眼神是透明的，像兩塊小鏡子，可以直直的看見他沒有載著任何東西的心靈。

是那種人與人之間沒有戒心、動機，出自本能的善良笑容。真的非常美麗。

二、好奇的

他們的雙眼骨碌骨碌地轉動，扯扯你的衣服，問問你拿的是什麼；你跟他們拍照，一按快門，他們就會一擁而上，爭看顯示屏，反應很大地大笑大叫。

三、惡作劇的

他們會扮很多鬼臉和肢體動作，你離開的時候，會用小石頭擲向你的屁股，然後一邊笑一邊跳地跑掉。

四、企業的

他們會和你議價，才讓你拍照。我們在布達拉宮廣場遇過一個最專業的。他可以給你一個最純真的表情，任何人看見都會動容，然後讚嘆：「天真無邪，未受文明污染的西藏孩子啊！」拍攝完畢，才知道他已經在廣場開了幾個月工，完全明白顧客的需要。他問小黑：「你這部相機，我看是Canon最新款的，大概一萬六千到七千吧，對嗎？」

噢，市場資訊緊貼，準確，長大後或許會成為現代化拉薩的一個大企業家也說不定。

拉薩周邊的個性寺廟

一、直貢梯寺

直貢梯寺是直貢噶舉派的中心寺院，離拉薩挺遠的，開車要三個小時。寺院建在陡削的山上。從直貢梯寺俯瞰下去，荒涼的沙漠中有兩、三個四方形舊房子聚落，給人一種古蹟的感覺。

黑色的鳥群環繞著寺院盤旋飛翔。我不肯定這是否為烏鴉。你可能會聯想到是否有什麼凶兆？或者，這是不是一間不吉祥的寺院？但我沒有這樣的聯想。

正如狼本來是善良的，可以和人做朋友；蝙蝠也不一定吸血，百分之九十以上是吃素的，滿和平的。

我們的聯想，經常會欺騙我們，很多時候會變成偏見，甚至常識。

又正如西藏僧人的誦經聲，不一定是低沉和單調的呢喃。

直貢梯寺的僧人，是以合唱團的方式誦經，仿如西藏版的聖彼得大教堂歌詠團。而且他們一邊唱經，還可以一邊笑著賣一些五彩吉祥結給我。我買了一袋，紅色的袋子，帶著歌聲的吉祥結。

▲ 個性派的直貢梯寺。
▼ 直貢梯寺的僧人歌詠團。

二、札葉巴修行地

我站在阿底峽的修行洞裡，前額貼著岩石，感受那古遠的神聖。

阿底峽是西藏最偉大的大修行者之一，一位西藏密宗各派都曾受其影響、對其極為尊重的大師。

一千年前，他曾在此修行三年。

現在負責看守山洞的是一位漢人，他從四川的寺院轉到這裡。白天，他要為遊人解說，收集供養，晚間便在洞裡修行。

這真是難得的好差事，他的進步一定很快。

這裡遍山都是修行洞和廟宇，是一座靈性的山。

祂的名字叫札葉巴。

三、Guess who?

在德欽瓊果林寺，我們認識了一個外型像UCLA大學生的年輕僧人。他穿著一件印著「Guess」大字的橙色抓毛外衣，是僧人常穿的那種橙色。他說那是在拉薩買的，覺得很漂亮，也很保暖。

他當然不知道Guess這個字的意思，以及那品牌和文化的結構性暗示，對他而言，就

▲ 札葉巴滿山都是修行洞和小廟宇。
▼ 偉大的修行者阿底峽，就在這個洞修行了三年。

只是一件漂亮而保暖的衣服。正如「furusato」這幾個聲音，對我們來說沒有什麼含義，但對日本人來說，那是「故鄉」，以及被勾起的所有回憶和鄉愁。

文字並不簡單，而我們一直生活在文字架構的概念世界中。

離開的時候，小黑想和一位老僧人合照，老和尚似乎不大開心，他說小黑很臭。原來小黑剛吃完大蒜。蒜和芫茜這類味道重的食物，佛經裡稱之為五葷，在釋迦牟尼的時代是禁食的。

文化不同，似乎連物件都有不同的結構性暗示。

那老僧人的憎，是一種執著，或只是一種僧侶文化的習氣呢？

▲ 穿著Guess的UCLA僧人？
▼ 「你很臭呀！」老僧人在投訴著。

八廓街上的賣經大媽

八廓，藏文的意思是中圈。西藏人繞著大昭寺轉經，分為大圈、中圈、小圈三個路線。八廓街就是中圈。

作為拉薩最大的市集，八廓街當然是絕對的商業。這邊廂，小黑和一個十五歲的西藏少女議價。一條手鐲，女孩開價一百二十元，小黑回價八十，女孩做出一個難為情的表情說：「這樣我媽媽會罵我的。這樣吧，你給我一百二十元，我多送你一副耳環吧！」那邊廂，我和一個賣轉經筒的中年人議價，他說：「不買就算了，我是老實人，不二價的。」銷售技巧相當專業。

在八廓街這個大市場，我們還可以看見生老病死。沒有血色，像在冰箱冰封了的牛肉。看起來不大靈光的牙醫，滿臉皺紋的老人，手拖著小孩一起轉經筒……，當然還有販賣解脫生老病死的東西——經書。

賣經書的好像只有一檔，販賣經書的大媽叫傑桑祖華，五十多歲了，難得還擁有年輕的聲線和愉快的笑聲。她的露天賣經攤位不算大，二米乘一米多吧，但一般的佛經似乎都很齊全。

她說，她爸爸和她兩代都是在這裡賣經書，每天就到附近的小工廠，把人家手印好的經書拿來這裡賣，已經十幾二十年了。

我問她開心嗎？她說挺好的。西藏人總是可以愉快地做重複的事，好像不怕單調沈悶似的。

她賣的經書不貴，大約十塊吧，還會用一塊黃色帶著紅色圖案的布包好，再用紅色的繩繫著，有一種日式手工藝品的精緻，非常優雅。

「給我三十本《心經》、三十本《財神吉祥經》吧！」我打算買來作手信，一來漂亮，二來可以為朋友祈福。

她突然把我拉進攤檔裡面，倒了一杯酥油茶給我，然後說：

「經書不夠呀，我要回工廠拿呀，你幫我看著檔子一會兒吧。」

她就這樣離開了。我從買者的身分，突然變為賣者。最出奇的是，大媽竟然會對一個陌生人這麼信任。也許，就算再貪心的人也不會偷經書，造些很矛盾的業吧？

一個斯文的藏人在翻看著經書，見他正看著《心經》，我就用我非常有限的藏文對他說：

「《心經》……十塊……」

那人笑了一笑，放下十塊，拿了一本《心經》，滿足地走開了。

大媽回來了，我跟她說，我幫她做了一樁生意，賣了一本《心經》，收了十塊，還自誇香港人是天生的商人（natural born trader）。大媽又是一陣招牌式的笑聲，然後說：

「《心經》是一本很短的經，只賣四塊呀！」

哎呀，我還是避免不了造了一個矛盾的業……

▲ 八廓街的攤檔。
▼ 賣經大媽傑桑祖華的招牌笑容。

大昭寺的神聖海洋

這是我在西藏的最後一個早晨。

一清早，大昭寺前面的廣場剛灑過水。很快地，神聖的波浪又重新翻起了，那是大禮拜的波浪。

幾百個西藏人，韻律地重複著：站正身子，雙手合十，放在額、喉、心三處，跪下，身體向前伸展，直至臉朝下，全身俯伏地面，再爬起來，站正身子。

重複，重複，重複……，一個西藏佛教徒，大禮拜起碼要做十萬遍。

在我的眼前，很多顏色的藏衣在起伏。顏色都蒙了塵，像加上了灰色的鮮豔，融合了嗆鼻的藏香艾草的煙味，混和了八廓街議價的叫囂聲，而在其間躍動著的，還有廣場上的裝甲車和士兵銀色長槍那煞有介事的閃閃粼光。

那神聖的海洋，只自顧自的起伏著，像褪色的彩虹，點綴人世間的透明。

我看著波動，心裡卻感到平靜。一種悲憫的平靜。不知不覺，眼眶竟有點濡濕。

▲ 短短的一生，卻有說不盡的禱告。
▼ 起起伏伏的大禮拜海洋，平靜的心卻沒有波濤。

བོད་གྲང་མོ · བོད་ཚ་པོ 後記

一個問題，一個答案。

遇上形形式式的藏人，和他們閒談，我總會問他們這個問題：「你有什麼夢想？」除了那個江孜女大學生，他們差不多全都給我同一個答案：「就這樣待著也挺好的。」

語氣裡，你可以聽到一種樂天、知足，和簡單的快樂。

不過，如果你問一個香港人或台灣人同一個問題，他告訴你說：「就這樣待下去也不錯。」

你可能會覺得這個人沒出息。

為什麼你沒有自己的夢想？你想做的東西，沒有計畫，沒有未來？

你會說，西藏人樂天知足，所以落後貧窮。

但是西藏人也會覺得，你只著眼追逐短暫的東西，不求解脫，而替你感到悲憫。

我，選擇無言。

我是一個每天與五毒為友的廣告創作人，我也是一個大圓滿佛法的修行者。像有很大的矛盾，又像不是。

也許，一個創作人和一個修行人都需要一份抽離的熱情，一種熱情的冷。

一方面要比任何人都更熱愛世間，卻又不被概念的執著監獄困著，失去了自在。這是一種旅遊者的心境，在自己家鄉也保持著的一種旅遊者的生活境界。像清風，吹過一田的繁花，細味著和你接觸的新事新物，清風過後，一物不留。

生活像是在畫一幅畫，是西藏人所說的，在水上畫的一幅畫。

在回程的飛機上，我往窗外眺望。

我好像從未試過這樣接近一片雲。是風的雕刻吧，雲的層次，出現了如藝術品的巧奪天工，精緻而壯觀。只是，雲的底部卻突然的空無一物。

在虛空上建造精緻和壯觀，這不就是我一直在做的工作嗎？

我對自己笑了笑。

又或許，或許是，我一直只是，只是造著一場夢，一場帶點淡淡感傷的，美好的夢？

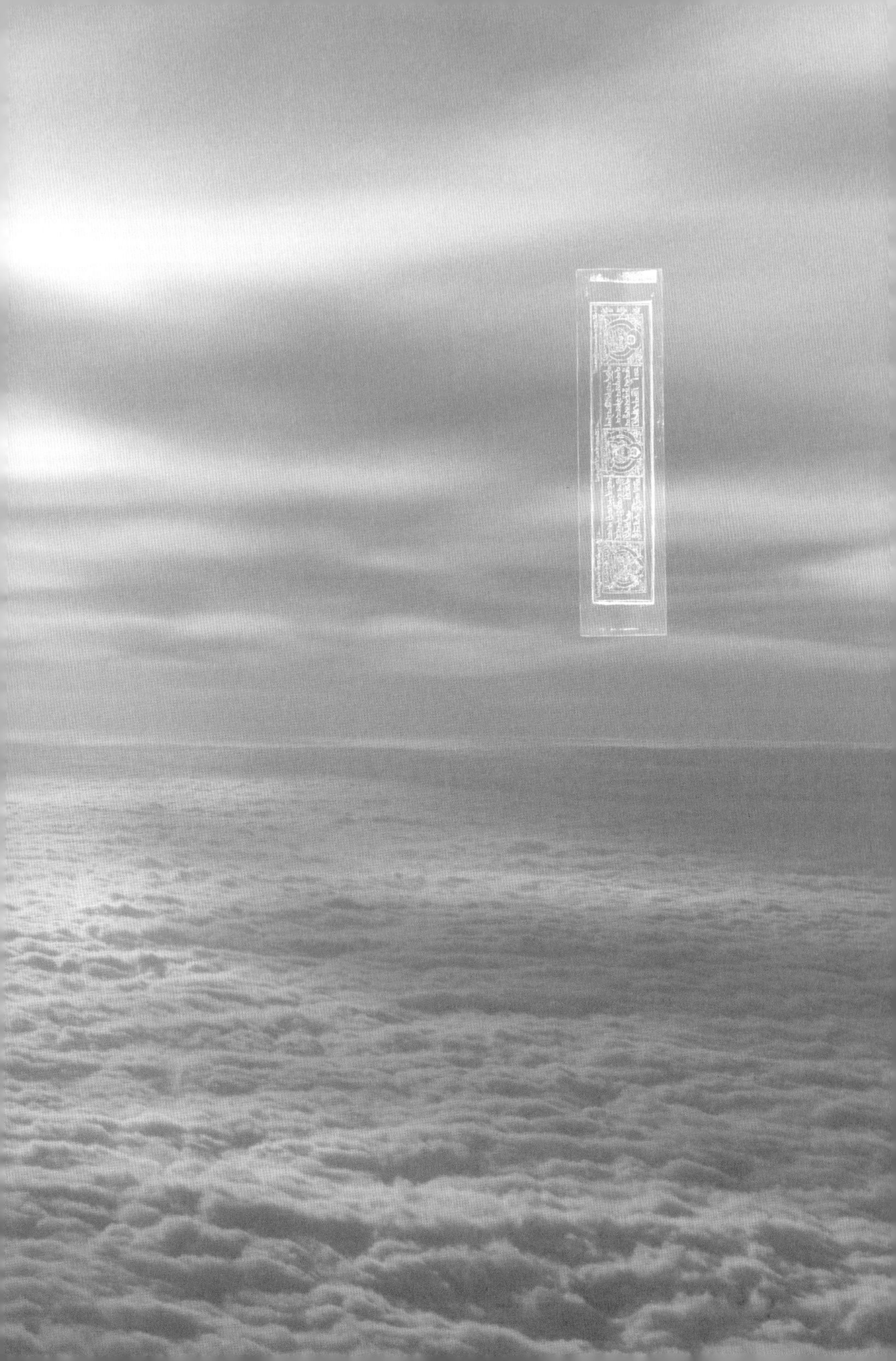

ས

西藏，把構成山河大地的基本元素，
分為地、水、火、風、空五大種，
是風景的；是人文的；是精神性的。

地 是指大地的堅硬性。山、石、土、微塵都是地的性質。地，是人體的堅硬物質性。骨頭、筋、肉都是地的性質。地，代表人性中的慢，轉化成為平等性智。眾生平等，沒有我高你低，還有什麼好傲慢的呢？代表的佛是南方寶生佛。

代表色　黃。

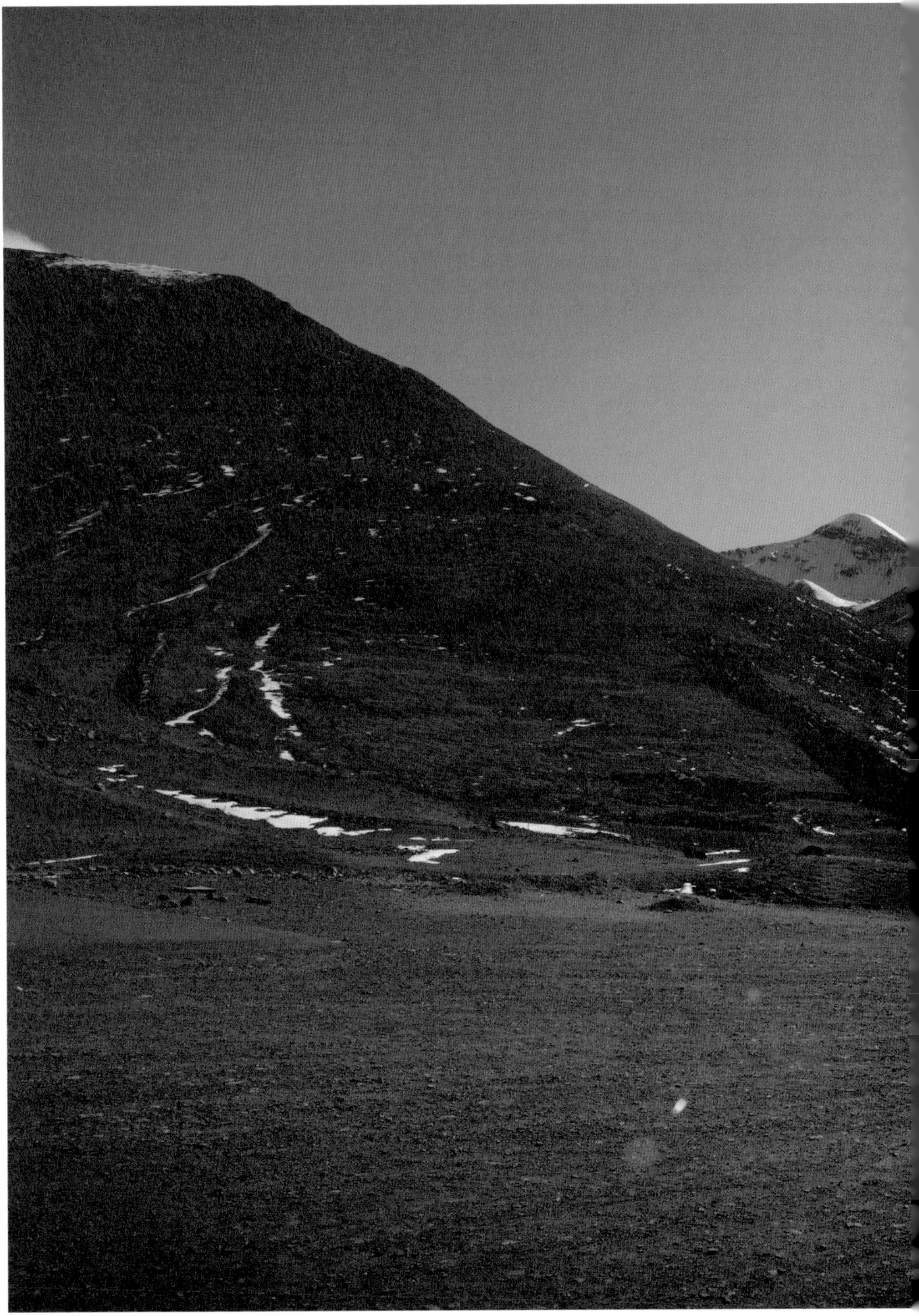

水 是大地的濕潤性。水、冰、蒸氣都是。西藏的冰像會畫畫一樣，可以繪出細緻的圖案，也可以豪邁如張大千的潑墨山水。冰湖底溶化的冰還會發出像說話的聲音，像和掠過的清風對答。水是人體的濕潤性。血、津液都是水性。我們的身體，70%都是水性。水，代表人性中的瞋，轉化成大圓鏡智。代表的佛是東方不動佛。

代表色　白。

40

ཨི

火 是大地的溫性。尤其在西藏當太陽猛烈的照耀，你會強烈的感受著大地的溫性。火是人體的溫度。西藏人修的拙火，就是修人體內部的熱，和生命的能量。火，代表人性中的貪，轉化成妙觀察智。代表的佛是西方阿彌陀佛。

代表色　紅。

風 是大地的流動性。西藏的風是帶著祝福的，即使是寒風都彷彿有點善意。風是人體的呼吸，是生命的基本。修呼吸也是佛教的基本，能讓我們平靜下來，感受生機本身的美妙。風，代表人性中的妒，轉化為成所作智。代表的佛是北方不空成就佛。

代表色　綠。

སྡོང་པ

空 是大地的虛空性。虛空不是空無一物的意思。想想，真的有絕對虛空的空間存在嗎？空是我們的空性。有沒有真的一個自有、獨有、恒有的我呢？還是我們只是一個每刻都在剎那生滅的現象？空，代表人性中的癡，轉化為法界體性智。代表的佛是中央大日如來佛。

代表色　藍。